Otto B. Hering

Vergleichende Darstellung und Beurtheilung der Religionsphilosophie

Hegels und Schleiermachers

Otto B. Hering

Vergleichende Darstellung und Beurtheilung der Religionsphilosophie
Hegels und Schleiermachers

ISBN/EAN: 9783743416161

Hergestellt in Europa, USA, Kanada, Australien, Japan

Cover: Foto ©Thomas Meinert / pixelio.de

Manufactured and distributed by brebook publishing software
(www.brebook.com)

Otto B. Hering

Vergleichende Darstellung und Beurtheilung der

Religionsphilosophie

Vergleichende Darstellung und Beurtheilung der Religionsphilosophie

Hegels und Schleiermachers.

Inaugural-Dissertation

zur

Erlangung der Doctorwürde

der

philosophischen Facultät

der

Universität Jena

vorgelegt von

Otto Bernhard Hering.

Baccal. theol.

Jena,
Druck von Julius Hossfeld.
1882.

Die neuere Religionsphilosophie nimmt mit Recht ihren Anfang bei Kant. Seiner Kritik verdanken wir einen gewaltigen Fortschritt auf dem Gebiete der Religionswissenschaft. Allerdings hatte schon die Aufklärungstheologie eine gewisse Kritik ausgeübt. Aber diese Kritik erstreckte sich nur auf die überlieferten biblischen Erzählungen und auf die Dogmen des Christenthums und bestrebte sich nur, aus den zwischen ihnen und dem gesunden Menschenverstande sich findenden Widersprüchen die Unhaltbarkeit der offenbarten Religion darzuthun, an deren Stelle nur die natürliche Religion Geltung haben sollte. Es liegt auf der Hand, dass dies eine oberflächliche, nur an die Aussenseite, an die Erscheinung der Religion sich haltende Kritik war, während die Kant'sche Kritik sich über dieselbe erhebend von der Erscheinung der Religion zurückging auf das Wesen derselben.

Die Religion soll jetzt nicht mehr etwas von aussen her an den Menschen Herangebrachtes, geschichtlich Ueberliefertes sein, sondern etwas in der Natur des menschlichen Geistes Begründetes, nothwendig zum Wesen desselben Gehörendes. In der That ein bedeutender Fortschritt! Denn es liegt auf der Hand, dass hierdurch erst eine eigentliche Religionsphilosophie möglich wird. Ferner begegnen wir hier bei Kant zum ersten Mal dem Bestreben, der Religion eine specifische Gestalt zu geben. Ebenso, wie auf die Aufklärungstheologie musste sich der Einfluss der Kantschen Lehren auch auf die Orthodoxie des vorigen Jahrhunderts, die zweite Hauptrichtung in der Theologie der damaligen Zeit, erstrecken, welche ohne wissenschaftliche Energie, ohne sittlichen Idealismus sich auf das hergebrachte Dogma steifte und an seinen erstarrten Formen festhielt. Ferner war der einen, wie der anderen Richtung das Bewusstsein des Bösen als wirklicher, positiver Macht in der Welt fast gänzlich abhanden gekommen, und insofern beruht das grosse Verdienst Kant's darin, dass er durch seine Theorie vom radicalen Bösen vor Allem die moralische Seite der Religion vertiefte.

Aber so bedeutend der Fortschritt durch Kant ist, so musste doch die von ihm erweckte Bewegung über ihn hinaus forttreiben. Denn seine Kritik zwang ihn, die universelle Bedeutung der Religion zu übersehen und Letztere einseitig auf das Gebiet der Moral zu beschränken. So ist er vor Allem genöthigt, die das unmittelbare religiöse Leben im Menschen constituirenden Momente als blosse subjective Vorstellungen zu betrachten, so dass gerade der Ursprung, das innerste Wesen der Religion dabei nicht zur Geltung kommt. Ferner hat bei ihm die Religion nur secundäre Bedeutung. Denn erst aus der Unbedingtheit des Sittengesetzes leitet er das Bedürfniss des religiösen Glaubens ab. Daher sieht er im Christenthum nur eine sittliche Bildungsanstalt, in seinen Dogmen nur die Allegorien sittlicher Verhältnisse. Aber die Probleme waren doch gestellt und der Anstoss zur Weiterentwickelung gegeben. Diese erfolgte denn auch bald und zwar auf der einen Seite durch die speculative Schule, vor Allem durch Hegel, der die Kant'sche Kritik gewissermassen über sich selbst hinausführte zu einer einheitlichen metaphysischen Weltanschauung und aus dieser heraus die Religion als etwas nothwendig zum menschlichen Geiste Gehörendes, aus dessen Anlage sich Erklärendes, ja seine höchste Bestimmung Bildendes nachzuweisen suchte. Auf der anderen Seite erfolgte die Fortbildung durch Schleiermacher, dessen Bestreben es war, auf das Empirische der Religion zurückzugehen, und ihr unabhängig von Moral und Metaphysik im unmittelbaren Gefühlsleben des Menschen eine selbständige Stellung anzuweisen.

Der in der Folgezeit zwischen diesen beiden, in striktem Gegensatz zu einander stehenden Richtungen sich entspinnende, heftige Kampf, der anfangs ohne alles gegenseitige Verständniss, oft sogar in der gehässigsten Weise geführt wurde, bewegt noch die gesammte heutige Religionsphilosophie, welche, da sie nur von der Ueberwindung des in beiden Richtungen gegebenen Gegensatzes ihre gedeihliche Fortentwickelung erwarten kann, genöthigt ist, immer wieder auf beide Philosophen zurückzugehen. Dabei ist es eine unbestrittene, im Interesse der Wissenschaft bedauerliche Thatsache, dass wir bei näherem Zusehen nur zu oft unklaren und verworrenen Vorstellungen über die Anschauungen der beiden Männer begegnen, dass vor Allem in der Polemik vielfach mit zwar gang und gäbe aber eben deshalb nach und nach begrifflos gewordenen, ja sogar mit falschen Formeln operirt wird.

So glauben wir denn auch an unserem Theile der Wissenschaft einen gewissen Dienst zu leisten, wenn wir im Folgenden versuchen, eine actenmässige, die Hauptpunkte entwickelnde und klarstellende Darstellung und Vergleichung der Religionsphilosophie Hegels und Schleiermachers zu geben. Die Kritik soll dabei nur immanent sein, soweit sie sich theils aus den innerhalb der einzelnen Systeme sich findenden Widersprüchen und Incongruenzen, theils aus der Vergleichung der entgegengesetzten Punkte beider Systeme von selbst an die Hand giebt.

In der Behandlung unserer Aufgabe werden wir so verfahren, dass wir I. eine im Wesentlichen auf die nach Hegels Tode herausgegebenen „Vorlesungen" sich stützende Darstellung der Hegel'schen Religionsphilosophie geben; dass wir II. den Schleiermacher'schen Religionsbegriff in seinen verschiedenen Gestaltungen und Schwankungen zur Darstellung bringen, woran sich III. die Kritik beider Systeme in dem oben angegebenen Sinne schliessen soll.

Zugleich möge hier noch bemerkt sein, dass Hegel citirt wird nach der Gesammtausgabe seiner Werke, Berlin 1832 ff., spec.: B. 11 u. 12 „Vorlesungen über die Philosophie der Religion", herausgegeb. v. Ph. Marheineke (B. I u. II.)

Für Schleiermacher wurden benutzt: „Sämmtl. Werke" Abth. III. B. IV. Th. 2: „Dialektik", herausgegeb. v. L. Jonas, Berl. 1839. „Ueber die Religion. Reden an die Gebildeten unter ihren Verächtern" 3. Aufl. Berlin 1821, sowie die 1. Aufl. nach B. Pünjer's „textkritischer Ausgabe der Reden", Braunschweig 1879. „Der christliche Glaube" („G.-L.") 2. B., Berlin 1830 ff.

I.
Hegel.

Die Hegel'sche „Religionsphilosophie" zerfällt in 3 Theile:
1. Der Begriff der Religion, das Allgemeine. 2. Der Begriff, wie er sich bestimmt, seine endlichen Erscheinungen, die positiven Religionen. 3. Der Begriff, wie er zu sich selbst kommt, die absolute Religion, d. i. das Christenthum.

Die Religion ist nach Hegel, ganz allgemein ausgedrückt, die Beziehung des subjectiven Bewusstseins auf Gott. Da aber Gott ein Geist, ja der wahre Geist ist, so ist sie das Bewusstsein des subjectiven Geistes vom wahrhaften Geiste. Das ist aber nicht das Wesen eines Anderen, sondern sein eigenes Wesen. Die Religion ist also das Sich seiner selbst Bewusstwerden des Geistes. Nach dieser Definition behandelt nun Hegel im 1. Theile: a. den Geist überhaupt, die absolute Einheit, Gott; b. das Subject in seiner Beziehung auf Gott, die Religion in Gefühl, Vorstellung und Gedanken; c. die Aufhebung des Gegensatzes zwischen dem Subject und Gott im Cultus.

Das religiöse Bewusstsein hat nach Hegel zwar die Ueberzeugung, dass Gott das absolut Wahre ist, von dem Alles ausgeht, in das Alles zurückkehrt, aber in der Religionsphilosophie, sagt er, muss es darauf ankommen, dass wir auf erkennende Weise erfahren, was Gott ist. Der Gang der Philosophie führt darauf, dass von Allem, was existirt, Natur und Geist, das letzte, allumfassende Resultat Gott ist. Dies will er aber nicht in dem Sinne verstanden wissen, als ob Gott bloss Resultat sei, er ist vielmehr das Resultat, das aus sich selbst resultirt, er ist der Anfang und das Ende von Allem, was besteht, er ist also das absolut Wahre, das alles Bestehende in sich fasst.

Es ist ferner das Allgemeine. Aber es ist dies nicht das abstracte Allgemeine, sondern das in sich Concrete, Reiche, Erfüllte, das trotz aller Entwickelung immer bei sich bleibt, sich selbst als absolut dauernde Grundlage festhält. Als solches Allgemeine ist Gott nur Einer, er kann nicht im Gegensatz stehen zu etwas Anderem. Abstract festgehalten wäre dies die Spinoza'sche Substanz, wie wir sie auch bei Schelling wiederfinden. Hiergegen verwahrt sich aber Hegel, denn Gott ist bei ihm der Geist, als solcher ist er nicht bloss Substanz, sondern er ist auch in sich als Subject bestimmt. (R. Ph. B. I, p. 48 ff.)

Nachdem Hegel so den Begriff Gottes im Allgemeinen gefunden hat, kommt er weiter darauf zu reden, wie Gott sein Wesen als Geist bethätigt. Im Wesen des Geistes liegt es, sagt er, sich zu offenbaren, d. h. zu sein für ein Anderes. Dieses Andere ist der subjective Geist, der zugleich durch das Offenbaren erzeugt wird. Daraus folgt, dass Gott durch das Subject erkannt werden kann, mit anderen Worten: die Thatsache der Religion.

Aber in welcher Weise geht nun das Offenbarwerden des göttlichen Geistes für den menschlichen Geist vor sich?

Hegel geht aus von der Natur. Dieselbe erscheint uns nämlich als ein vernünftiges System. Aber sie ist nicht selbst Vernunft, der Geist ist bloss in ihr auf äusserliche Weise. Somit ist er in einer ihm nicht gemässen Existenz. Denn durch sein Verhältniss zur Natur als zu einem Anderen und durch seine Verbindung mit Endlichem wird er selbst endlicher Geist. Wie aber überhaupt alles Endliche vorübergeht, so kehrt auch der endliche Geist, der als solcher im Widerspruch mit sich selbst begriffen ist, in seinen Grund zurück, er ist frei. Dies Zurückgehen des Geistes zu sich selbst ist das Hervorgehen der Religion. Dieselbe ist also „die Freiheit des Geistes in seinem wahrhaften Wesen." „In diesem nothwendigen Gange liegt der Beweis, dass die Religion etwas Wahrhaftes ist." (I, 61. 62.)

Hierin liegt also einmal, dass die Religion eine Thatsache ist im menschlichen Geiste, und ferner, dass sie nothwendig zum Wesen des Menschen gehört.

Er betrachtet nun die drei Bewusstseinsformen, in denen die

Erhebung des Geistes zu seinem wahren Wesen vor sich geht, nämlich **Gefühl, Vorstellung** und **Denken.**

In der eingehenden Besprechung des **Gefühls** als Sitz der Religion wendet sich Hegel besonders gegen Schleiermacher, allerdings nicht immer mit dem wahren Verständniss für die metaphysischen und psychologischen Grundlagen der Schleiermacherschen Theorie.

Zwar nennt er das Gefühl den innersten Boden, auf dem uns unmittelbar gewiss ist, dass Gott sei; unmittelbar, denn im Gefühl ist der Unterschied zwischen dem Ich und dem Gegenstand verschwunden, sodass das Gefühl selbst gänzlich von der Bestimmtheit des Gegenstandes erfüllt ist, aber es ist nicht der höchste Ort für die Religion. Denn abgesehen davon, dass der Mensch das Gefühl mit dem Thiere gemein hat, findet sich in ihm neben dem Höchsten und Erhabensten auch das Niederträchtigste und Schändlichste. Gott hat also, wenn er im Gefühl ist, Nichts vor dem Gemeinsten und Schlechtesten voraus. Ferner kann man von dem Vorhandensein eines Gegenstandes im Gefühl noch lange nicht auf seine Existenz überhaupt schliessen, denn Eingebildetes, das nie existirt hat, nie existiren wird, findet sich darin. Ausserdem ist ja auch der Inhalt des Gefühls ein ganz zufälliger, nur bedingt durch die Willkür des Subjects, es kann also Gott darin sein, er braucht aber auch nicht darin zu sein. „Dies ist die schlechte Subjectivität, die den gemeinsamen Boden unter uns abschneidet. Einen Menschen, der sich auf sein eigenes Gefühl beruft, muss man stehen lassen. Eine Verständigung mit ihm ist nicht möglich." (I, 73 ff.)

Mehr schon sagt es, Gott im Herzen haben. Denn während das Gefühl momentan, flüchtig, zufällig ist, ist in dem Ausdruck Herz mein Gefühl in fortdauernder, permanenter Weise gegeben. Aber wenn auch das Herz die Quelle, der Keim für den religiösen Inhalt ist, so ist es eben auch nur der Keim. Wie im Keim schon die zukünftige Pflanze enthalten ist, so haben wir auch im Gefühl „die erste Weise, in welcher solcher Inhalt am Subject erscheint", aber wir haben hier diesen ganzen Inhalt auf diese eingehüllte Weise in unserer subjectiven Wirklichkeit. (I, 75 ff.) Daher müssen wir uns einen Boden für Gott suchen, wo wir das Sein als Object an und für sich seiend antreffen.

Hegel wendet sich daher zur nächsthöheren Bewusstseinsform,

zur Vorstellung. Wir haben hier die Wahrheit im sinnlichen Bilde; so z. B. Gott als Weltschöpfer, Sohn Gottes etc. Hierher gehört das Geschichtliche in der Religion, worunter natürlich die gesammte göttliche Heilsgeschichte fällt. Indessen ist auch dies noch nicht die höchste Stufe, denn in der Vorstellung haben wir zwar den Gegenstand in seiner Bestimmtheit, aber die Vorstellung besteht aus der Vorstellung als solcher, dem Bilde und einem tieferen Inhalte, dem Geiste derselben. Zu diesem tieferen Inhalt hindurchzudringen, den wahren Inhalt von seiner Umhüllung zu befreien, dies ist allein möglich im klaren Elemente des Denkens. (p. 86 ff.)

Was das Denken vor der Vorstellung voraus hat, ist nämlich Folgendes: 1. Es löst den Inhalt, der sich als Einfaches in der Vorstellung findet, auf, d. h. es fasst ihn nach seinen verschiedenen Bestimmungen auf; 2. es setzt diese Bestimmungen einander gegenüber, während wir in der Vorstellung ein ruhiges Nebeneinander haben; 3. es sucht den nothwendigen Zusammenhang derselben auf, während die Vorstellung nur ein einfach Gegebenes hat. Da nun aber das, was nothwendig ist, den Grund seines Seins in etwas Anderem hat, und das Denken also gezwungen ist, auf dieses zu Grunde liegende Sein zurückzugehen, so ist es stets ein vermitteltes, und daher ist auch das religiöse Bewusstsein ein vermitteltes. „Hiermit fällt die Behauptung, die Religion sei unmittelbares Bewusstsein, ohne Weiteres hinweg."

Das Denken ist also Vermittelung, und diese Vermittelung ist das Uebergehen vom Menschen (dem Endlichen) zu Gott (dem Unendlichen).

Hegel nimmt für diesen Uebergang des Endlichen zum Unendlichen zwei Formen an, die eine im reflectirenden Denken, die andere im vernünftigen Denken. Im ersten Falle ist das Gemeinschaftliche das Sein, und dieser Inhalt beider Seiten wird als endlich und unendlich gesetzt. Im zweiten Falle ist das Gemeinschaftliche das Unendliche, und dieses wird in der Form des Subjectiven und Objectiven gesetzt (p. 94).

Das reflectirende Denken hält die Gegensätze fest und lässt sie zu keiner Vermittelung kommen. So stehe ich auf der einen Seite als Endliches, und das Unendliche liegt jenseits meiner. Indem ich aber darüber reflectire, weiss ich das Unendliche als das Andere meiner, das an mir, dem Endlichen, seine Schranken hat.

Dadurch wird es selbst zu einem Endlichen. Nehme ich aber an, dass das Unendliche keine Schranken hat, so hat auch das Endliche keine Schranke, es wird selbst zum Unendlichen. Im ersten Falle hat das Ich das Gefühl der Nichtigkeit: das Unendliche steht ausser seinem Bereiche, es bleibt ihm nur die Richtung, die Sehnsucht nach demselben. Im letzteren Falle erkennt das Subject sich selbst als das einzig Wesenhafte, es kommt zur Selbstüberhebung, sogar zur Selbstvergötterung. Hegel sagt von diesem Standpunkt: „Das Ich heuchelt demüthig, während es vor Stolz der Eitelkeit sich nicht zu lassen weiss." (I, 113.)

Die Religion ist aber grade das Aufheben des endlichen Ichs und das Wiederfinden seines wahren Wesens im Unendlichen. Dies kann nur geschehen auf einem Standpunkte, wo das Ich über den Gegensatz der Reflexion hinaus die Einheit von Endlichem und Unendlichem im Unendlichen erblickt; wo es mit Negation seiner Subjectivität sich im Objectiven wiederfindet. Dies ist eben der Standpunkt der Vernunft.

Hier haben wir das Endliche als das Moment des Unendlichen, das Wesen des Unendlichen ist es aber, sich zu bestimmen, sich als Anderes zu setzen und so zu verendlichen: dieses Endliche aber auch nicht als Festes stehen zu lassen, sondern wieder in sich zurückzunehmen.

Diese Begriffe wendet nun Hegel auf die oben gefundene allgemeine Formel an und gelangt so zu seinem speculativen Religionsbegriff.

Die Religion war oben das Selbstbewusstsein des absoluten Geistes. Im Selbstbewusstsein liegt aber, dass der Geist sich selbst, als ein Anderes setzt, das er weiss. Dadurch verendlicht er sich Die Endlichkeit wird aber sofort wieder aufgehoben, da das Andere, das er weiss, er selbst ist So erhält er das Wissen von sich selbst nur dadurch, dass er sich verendlicht. Die Religion ist demnach: **Das Wissen des absoluten Geistes von sich durch Vermittelung des endlichen Geistes.**

Somit ist die Religion nicht Sache des Menschen, sondern „die höchste Bestimmung der absoluten Idee selbst!" (I. 128 ff.)

Nachdem nun Hegel den Religionsbegriff **theoretisch** entwickelt hat, stellt er in dem Abschnitte über den **Cultus** die **praktische** Beziehung des Subjects auf Gott dar. Es ist dies nicht der Cultus im gewöhnlichen Sinne, nicht das cultische Handeln der Religion als Aeusserung derselben, sondern er hat damit das eigentlichste, tiefste Wesen der Religion selbst getroffen, so dass z. B. K. Schwarz (d. Wes. d. Rel. II. 147) behauptet, alles was Hegel hier am Schlusse vom Cultus sagt, hätte er am Anfang von der Religion als solcher sagen müssen.

Als wesentlichste Gestalt des Cultus bezeichnet Hegel den Glauben. Im Glauben weiss das Selbstbewusstsein nicht blos theoretisch von seinem Inhalt, sondern es ist sich seiner gewiss und zwar als des absolut Seienden und zugleich allein Wahren. Im letzteren Falle kann man den Glauben bezeichnen als die Gewissheit von der Wahrheit, im ersteren Falle als das Zeugniss des Geistes vom absoluten Geiste. Die in diesem Verhältniss liegende Vermittelung ist aber keine äusserliche, wie in der Vorstellung, sondern sie gehört der Natur des Geistes an: Der Glaube ist die substantielle Einheit des Geistes mit sich selbst.

Hierin liegt zugleich, dass den Inhalt des Glaubens nichts Endliches bilden kann, dass sich derselbe daher nicht erstrecken kann auf das Historische in der Religion, auf Wunder etc.; denn diese Dinge sind zufällige, und im wahren Glauben findet das Zufällige keinen Platz. Der Geist zeugt eben nur vom Geiste.

Thatsächlich erblicken wir den Geist in seiner substantiellen Einheit im Geist der Gemeinde, die von ihrem Wesen weiss. Das zu Grunde Liegende ist noch das substantielle Selbstbewusstsein, das aber nur noch auf formelle Weise subjectiv ist. Denn das vom absoluten Inhalt wissende Selbstbewusstsein ist schon frei, d. h. es thut von sich ab die Sprödigkeit des Fürsichseins, das als Einzelnes sich ausschliessend ist von seinem Gegenstand. (I. S. 152.)

Im Cultus soll nun das Individuum die so bestimmte Einheit mit dem substantiellen Geiste herbeiführen. Ich soll im Geist sein, und der Geist soll in mir sein. Dies ist ein zweiseitiges Thun: Gottes Gnade und des Menschen Opfer. Durch die erstere wird nicht etwa die Freiheit des Menschen eingeschränkt, sondern „dieselbe besteht eben im Wissen und Wollen Gottes, sie ist nur die Aufhebung des menschlichen Wissens und Wollens." „Der Mensch ist nicht der Stein dabei, so dass er das passive Material wäre, ohne dabei zu sein, sondern es soll das

Göttliche werden durch mich in mir, und das, wogegen die Aktion geht, welche meine Aktion ist, das ist Aufgeben meiner überhaupt, der sich nicht mehr für sich behält." (S. 157.) Auf diesem Standpunkt ist das Gute nicht mehr ein Sollen, denn es ist hier an und für sich selbst. „Gott ist, und es handelt sich nur um mich, dass ich mich meiner Subjectivität abthue, und mir an diesem Werke, das sich ewig vollbringt, meinen Antheil nehme, das Gute ist demnach kein Gesolltes, sondern göttliche Macht, ewige Wahrheit."

Für das Aufgeben meiner Subjectivität erlange ich als Antheil das Dasein Gottes in mir, das Gefühl, dass ich bei Gott in Gnaden bin, dass der Geist Gottes in mir lebendig ist, die Versöhnung meiner mit Gott.

Die erste, zugleich innerste Form dieser unio mystica ist die **Andacht**. In ihr ist das Subject nicht nur äusserlich mit seinem Gegenstande beschäftigt, es versenkt sich ganz und gar hinein. „Die Andacht ist überhaupt der sich bewegende Geist, in dieser Bewegung, diesem Gegenstande sich zu erhalten." Symbolisch wird die Negation des Endlichen, das Aufgeben der Subjectivität dargestellt in den äusseren Formen des Cultus, den Sacramenten und Opfern. (168 f.) Diese Empfindungen sind jedoch nur einzeln und momentan. Ist aber das Herz, der Wille ganz nach dem Allgemeinen durchgebildet, so bezeichnen wir diesen Zustand als **Sittlichkeit**.

Die wahrhafte Sittlichkeit findet Hegel im Staate. Denn in demselben ist die Freiheit des Subjects verwirklicht. Religion und Staat haben demnach dieselbe Grundlage: die Freiheit, und gehören somit eng zusammen. Ein niederer, schlechter Begriff von Gott bedingt auch einen schlechten Staat, schlechte Regierung, schlechte Gesetze. Erkennt eins von beiden die Freiheit nicht an, verlangt es Unfreiheit, so entsteht ein Zwiespalt zwischen Staat und Kirche, wie wir ihn in Staaten, wo der Katholicismus herrscht, so häufig sehen. Das rechte Verhältniss findet sich in den protestantischen Staaten, da hier der Protestantismus die Freiheit des Subjects ausdrücklich fordert.

Im 2. Theile der Religionsphilosophie betrachtet Hegel den Begriff in seiner geschichtlichen Entwickelung.

Da es zu weit führen würde, wenn wir Hegel in die zum

Theil sehr speciellen Einzelheiten seiner von ihm mit Vorliebe behandelten Darstellung der vorchristlichen Religionen folgen wollten, so wollen wir uns begnügen, einen kurzen Ueberblick über diesen Theil zu geben, um dann sofort zu seiner wahrhaft bedeutenden Darstellung des Christenthums als der absoluten Religion zu kommen.

Allerdings, sagt Hegel, befindet sich der reine Begriff in jeder Religion, denn ohne ihn wäre eine Religion nicht denkbar, aber er ist im Anfang nur an sich darin enthalten. Er tritt auch nicht mit einem Male vollständig zu Tage, sondern immer nur einzelne Momente desselben.

Es ist die Arbeit des Geistes durch Jahrtausende gewesen, in steter Entwickelung den Begriff der Religion auszuführen. In dieser historischen Entwickelung können wir folgende Stufen unterscheiden:

1. Die Naturreligion.

Hier haben wir noch die Einheit von Geistigem und Natürlichem, und zwar so, dass das Natürliche das Bestimmende ist. Man hat sich diesen Zustand als einen paradiesischen vorgestellt, denn, sagt man, der Geist ist in der Einheit mit der Natur, er ist noch nicht in sich reflectirt, hat noch nicht diese Trennung von der Natur in sich vorgenommen, steht dem Willen nach noch im schönen Glauben, noch in der Unschuld. Er bestimmt sich hier noch identisch mit der Natur der Dinge, er sieht ihnen noch in's Herz, erst in der Trennung legt sich die sinnliche Rinde um die Dinge. Aber, sagt Hegel, diese Vorstellung ist eine falsche. Zwar ist ja hier der Mensch noch im Zustande der Unschuld, denn erst durch die Trennung entsteht die Schuld. Aber auch die Pflanze ist in dieser Einheit, auch das Thier. Der Mensch ist im Wesentlichen Geist, und das Wesen des Geistes ist es, für sich zu sein, frei zu sein. Als solcher muss er sich aus seinem Versenktsein in die Natur herausziehen. die Natur sich gegenüber stellen, sich entzweien mit ihr und erst durch diese Entzweiung sich mit ihr versöhnen, und nicht nur mit der Natur, sondern auch mit seinem Wesen, mit seiner Wahrheit. (B. I. p. 193.)

2. Vollkommener finden wir den Begriff dargestellt in der Religion der geistigen Individualität.

Hier fängt das geistige Fürsichsein des Subjects an. Der

Geist wird das Herrschende, die Natürlichkeit wird herabgesetzt zu einem nur Accidentellem am Geiste. Wir können hier drei Formen unterscheiden.

a. Die Subjectivität hebt sich heraus durch Negation des Natürlichen. Die Natur ist vom Geiste gesetzt, sie ist nur ein Aeusserliches von ihm, das gegen ihn kein Bestehen hat. Dies ist die Religion der Erhabenheit, wie wir sie im Judenthum vor uns haben.

b. Das Natürliche, Endliche wird verklärt im Geiste. Diese Verklärung besteht darin, dass es Zeichen ist des Geistes, der es als Mittel benutzt, zur Erscheinung zu gelangen. Dies ist die Religion der Schönheit, die griechische Religion.

c. Der Begriff fängt an sich zu realisiren. Die Idee des Geistes selbst bestimmt sich an und für sich, sie ist sich der Zweck. Aber es ist dies noch nicht das wahre Verhalten des Geistes zu sich selbst, sondern der Zweck ist ein endlicher, äusserlicher. Der endliche Geist sucht in den Göttern nur seinen eigenen, subjectiven Zweck, er will sich, nicht den absoluten Inhalt. (p. 187.) Dies ist die Religion der Zweckmässigkeit, die Religion Roms.

Der reine Begriff verwirklicht sich erst im Christenthum, das Hegel im 3. Theile behandelt.

Das Christenthum ist nach ihm die offenbare Religion. Etwas offenbaren heisst, es dem Anderen zum Bewusstsein bringen. Hier in diesem Falle ist es der objective Begriff der Religion, der das Bewusstsein des Subjects wird, es ist der Geist, der sich seiner Einheit mit dem göttlichen Geist bewusst wird, oder, wenn man das Verhältniss vom göttlichen Geist aus auffasst: „Gott offenbart, dass er das Offenbaren seiner ist. (B. II. p. 52 ff.)

Es ist aber nicht allein die offenbare, sondern auch, insofern Gott selbst sie offenbart, die offenbarte Religion, und insofern sie dem Bewusstsein ein Gegenstand geworden ist, eine positive Religion. Endlich ist das Christenthum die Religion der Wahrheit und der Freiheit, insofern der Geist in ihm sein wahres Wesen, seine Realität erkennt und, indem so der Unterschied aufgehoben wird, zur Versöhnung und so zur Freiheit gelangt. (II. 152 ff.)

Nach der Entwickelung des absoluten Geistes theilt nun Hegel seine Darstellung der christlichen Religion ein in folgende 3 Theile: 1. Gott an und für sich, in seiner Ewigkeit, vor Erschaffung der Welt, ausserhalb der Welt, das Reich des Vaters. 2. Die Idee Gottes in ihrer Entäusserung, Erscheinung in der Endlichkeit, das Reich des Sohnes. 3. Die Idee, wie sie durch den Process der Versöhnung wieder zu sich selbst zurückkehrt, das Reich des Geistes.

1. Das Reich des Vaters.

Hier haben wir Gott noch an und bei sich selbst, die Idee, die noch nicht in ihrer Realität gesetzt ist, die abstrakte Idee. Das Christenthum drückt die Idee des bei sich seienden Geistes aus in dem Dogma vom dreieinigen Gott. Wir haben uns dies folgendermassen zu erklären.

Der Geist ist die Thätigkeit des reinen Denkens, Wissens. Zum Wissen gehört ein Anderes, das gewusst wird. Was aber gewusst wird, hat nicht mehr die Form des Andersseins, sondern fällt gewissermassen in das Wissen hinein, ist identisch mit ihm. So ist Gott der Geist dieses sich fortwährend von sich Unterscheidende und zu sich selbst Zurückkehrende, der ewige Process des sich setzenden und wieder aufhebenden Unterschiedes. Die Dreizahl als Kategorie des endlichen Verstandes ist hier entschieden fern zu halten, da sie Begriffslosigkeit in den Gedanken bringt. Ebensowenig darf man von Personen reden, drei Personen in einer, da die Person ein Starres, Selbständiges, für sich Seiendes ist, so dass der Unterschied sich nicht auflösen lässt.

Man hat als Vorstellung der Dreieinigkeit das Verhältniss von Vater, Sohn und Geist gebraucht. Dies ist jedoch eine naive Vorstellung und nur insofern berechtigt, als der Verstand überhaupt kein adäquates Verhältniss besitzt. Am besten ist schliesslich der Vergleich der Dreieinigkeit mit der Liebe. Denn di Liebe ist ja das Sichwissen im Anderen, so ausser sich zu sei und doch gerade im Anderen sich selbst wieder zu finden. (I. 184 ff.)

2. Das Reich des Sohnes.

Zur absoluten Freiheit der Idee gehört aber auch, dass jen Unterschied, den wir schon als im göttlichen Wesen vorhanden gefund enhaben, in die Wirklichkeit eintrete, indem sie ihr Anderssein als ein Selbständiges entlässt. Dies Andere ist die Welt überhaupt. Dieselbe hat aber als Gesetztes noch keine wahrhafte Wirklichkeit, sie ist ein Endliches, und ihre wahre Bestimmung ist nur, zu ihrem Ursprunge zurückzukehren, in das Verhältniss des Geistes, der Liebe zu treten. Sie zerfällt in die natürliche Welt und in die Welt des Geistes. Die Natur als die von Gott abgewandte Seite des Unterschiedenen tritt, da die Natur kein Wissen hat, Gott aber der Geist ist, in kein Verhältniss zu Gott, sondern nur zum Menschen, und zwar insofern sie die Seite seiner Abhängigkeit bildet. Nur indem sie der denkende Geist als von Gott erschaffen erkennt, Vernunft in ihr findet, wird sie zum Göttlichen in Beziehung gesetzt. Die Wahrheit der Welt liegt nur in ihrer Idealität. (II, 204 ff.)

Nach seiner natürlichen Seite ist auch der Mensch in der Unwahrheit, dagegen steht er als Geist, dem das Streben nach Wahrheit eigenthümlich ist, zugleich über dieser Unwahrheit. So finden wir auch im Subject eine Entzweiung, die aber erst dadurch entsteht, dass er sich als Subject seinem Begriff, seinem wahren Wesen entgegensetzt. Erkennt er diesen Gegensatz nicht, so hat er auch das Bedürfniss zur Versöhnung nicht, er ist „im Frieden seiner mit sich selbst." Insofern ist der Mensch gut an sich. Aber in dem An sich liegt eben die Einseitigkeit, denn der Mensch soll nicht beim An sich stehen bleiben, wie die Natur, die aus ihren Gesetzen, aus ihrer Nothwendigkeit nicht heraustreten kann, er soll, was er ist, auch für sich sein, und zwar ist das Bewusstsein der Act, in dem der Mensch sich seinem wahren Wesen gegenüber stellt. Hierin findet Hegel den Begriff und den Ursprung des Bösen.

Denn indem der Mensch sich als dieses Einzelsubject setzt, ist auch sein Wille dieser einzelne Wille, sein Wille ist erfüllt mit dem Inhalte der Einzelheit, d. h. ist selbstsüchtig. Während der gute Mensch sich nach allgemeinen Bestimmungen, Gesetzen richten soll, ist der einzelne Wille gerade entgegengesetzt der Vernünftigkeit des zur Allgemeinheit durchgebildeten Willens. Zu diesem Gegensatze muss der Mensch kommen, da er der Geist ist; „der Geist ist frei, aber eben in dieser Freiheit liegt das wesentliche Moment der Trennung. In dieser Trennung ist das Fürsichsein gesetzt, hat das Böse seinen Sitz. Hier ist die Quelle des Uebels, aber auch der Punkt, wo die Versöhnung ihre letzte Quelle hat."

Diese Entzweiung im Menschen wird nun nach den beiden Seiten des Gegensatzes auf doppelte Weise zum Bewusstsein gebracht: einmal ist dies das Bewusstsein der Unangemessenheit seiner Subjectivität gegenüber dem absoluten Wesen, der Gegensatz gegen Gott; sodann das Bewusstsein, dass er keine Befriedigung findet in der Welt, dass er als Naturwesen abhängig und zufällig ist, wie die anderen: der Gegensatz gegen die Welt.

Im ersteren Falle hat der Mensch das Bewusstsein in sich von dem Gegensatze des Bösen in seinem Inneren gegen das Gute, gegen Gott. Dies Bewusstsein demüthigt ihn, er ist zerknirscht, erfüllt von unendlichem Schmerz. Diesen Schmerz erblicken wir thatsächlich im jüdischen Volk.

Im anderen Extrem fühlt sich der Mensch als Naturwesen und insofern abhängig von der Natur. Aber in seinem Inneren hat er die sittlichen Anforderungen der Freiheit, das Bewusstsein des Guten, und dieses findet seine Befriedigung nicht in der äusserlichen Welt, und das ist's, was ihn ins Unglück bringt. Auf diesem Standpunkt giebt der Mensch die Welt auf und flieht in sich, um hier Glück und Befriedigung, die Zusammenstimmung seiner mit sich selbst zu suchen. Dies ist das allgemeine Unglück, an dem die römische Welt geendet hat (II, 210 ff.).

Bei dieser Verschärfung der Gegensätze musste natürlich das Bedürfniss nach Versöhnung eintreten. Eine gewisse Versöhnung wurde schon durch die Weltflucht des Stoicismus erreicht, aber diese Versöhnung war nur eine abstrakte, denn die Flucht aus der Wirklichkeit ist auch die Flucht aus meiner Wirklichkeit, nämlich aus der Wirklichkeit meines Willens.

Wie aber ist die wahre Versöhnung der Gegensätze, die wir hier in ihren Extremen vor uns haben, möglich?

Wie der Gegensatz erst durch das Bewusstsein entstanden ist, so ist auch die wahre Versöhnung nur möglich durch das Bewusstsein von der Aufhebung der Gegensätze, der Einheit durch die Negation derselben. Dies folgert wieder aus der Natur des Geistes überhaupt. Wie es zum Wesen des Geistes gehört, sich als Unterschiedenes von sich und damit als Endliches zu setzen, so gehört es auch zu seinem Wesen, durch die Rückkehr aus dem Anderssein erst sein wahres Wesen zu erreichen. Die Gegensätze sind also an sich aufgehoben, und darin liegt die Möglichkeit, dass sie auch für ihn als Subject aufgehoben werden können. Dies kann nur geschehen, wenn der Mensch zum Bewusstsein der an sich seienden Einheit der göttlichen und menschlichen Natur kommt. Nur dann kann er sich in Gott aufgenommen wissen, wenn er an der Natur Gottes nicht bloss äusseres Accidenz ist, sondern wenn er nach seinem Wesen, seiner Freiheit in Gott aufgenommen ist, sodass seinem Bewusstsein Gott als Mensch und der Mensch als Gott erscheint.

Diesen Gedanken hat die Kirche ausgedrückt im Dogma von der Erscheinung Gottes im Fleische. Göttliche und menschliche Natur in Einem ist ein harter und schwerer Ausdruck. Aber die Vorstellung, die man damit verbindet, ist zu vergessen, es ist an die geistige Wesenheit dabei zu denken. So haben wir nun zwar das Bewusstsein von der Einheit göttlicher und menschlicher Natur im speculativen Denken, aber dem religiösen Bewusstsein kommt es nicht darauf an, dass es die Nothwendigkeit der Einheit ansehe, sondern vielmehr, dass ihm die Einheit göttlicher und menschlicher Natur zur Gewissheit werde, dass es an die Menschwerdung g l a u b e.

Demnach war es nothwendig, dass Gott im Fleische auf der Erde erscheine, als einzelner Mensch. Dies war der Gottmensch C h r i s t u s. (II, 234.)

Die eine Seite an ihm ist die äusserliche Erscheinung als des lebendigen Menschen. Als solcher ist Christus allen menschlichen Zufälligkeiten unterworfen, er wird geboren, hat Bedürfnisse, nur dass er nicht eingeht in die besonderen Neigungen und Interessen der Weltlichkeit, sondern nur der Verkündigung der reinen Wahrheit lebt, die er unter dem Bilde des Reiches Gottes verheisst, des Reiches Gottes, das nichts Anderes ist, als der Zustand der Versöhnung mit Gott.

Aber diese äusserliche Seite ist auch für den Unglauben, wie etwa die Geschichte des Sokrates. Der wahre Glaube an die Gottmenschheit Christi zeigt sich in der Auffassung vom Tode desselben. Als G o t t m e n s c h musste Christus zum Tode gehen, ja zu einem Tode der Schande und Schmach, in dem sich die Menschlichkeit auf ihrer höchsten Spitze zeigte. Aber der Gott bewährt sich in diesem Process. Dieser wird dadurch nur der

Tod des Todes, der Gott steht auf zu neuem Leben. Hervorgehoben wird hier besonders, dass Gott es ist, der den Tod getödtet hat, indem er aus demselben hervorgeht. Dadurch erscheint die Endlichkeit, Menschlichkeit als etwas Fremdes an ihm, nur von Anderem Angenommenes. Dies Andere ist die Menschheit nach ihrer Endlichkeit. Diese Endlichkeit in ihrem Fürsichsein gegen Gott ist das Böse. Er hat es angenommen, um es in seinem Tod zu tödten. Der schmachvolle Tod ist darin zugleich die unendliche Liebe. (II, 249 ff.)

Für das Bewusstsein aber ist die Endlichkeit aufgehoben, der Welt ist ihr Böses an sich genommen, sie ist zur Versöhnung gelangt.

3. Das Reich des Geistes.

In diesem Abschnitt betrachtet Hegel die Idee, wie sie den vielen Einzelsubjecten angehört, die sie zur Einheit des Geistes, zur Gemeinschaft bringt und in ihnen als wirkliches allgemeines Selbstbewusstsein sich vorfindet.

Zur Bildung der Gemeinde ist es nothwendig, dass das Einzelsubject einerseits der Versöhnung unmittelbar gewiss ist, dass es mit anderen Worten den Glauben an die Versöhnung hat, und dass es andrerseits an sich selbst den Process der reinen Idee durchläuft. (II, 258.)

Der Ausgangspunkt für den Glauben ist die sinnliche Geschichte. Jesus ist der Mensch, an dem die göttliche Idee sich offenbarte. Als solcher ist er ein Einzelner, Sinnlicher. Aber im Wesen des Glaubens liegt es, dass er das Unmittelbare, Sinnliche abstreift, und so zum geistigen Gehalte desselben gelangt. So muss Christus aufgefasst werden als Sohn Gottes, und sein Tod als die Versöhnung von Göttlichem und Menschlichem. In dieser geistigen Auffassung liegt der Anfang der Gemeinde.

Das Subject muss aber auch den Process an sich selbst durchlaufen. Dieser Process bestand darin, dass das Anderssein der Idee kein wesentliches, bleibendes Moment derselben bildete, sondern vorübergehend war. Demnach muss auch das Subject, falls es den Process an sich selbst durchlaufen will, seine Aeusserlichkeit, Endlichkeit zu einem Unwesentlichen herabsetzen und es als solches auch wissen. Nur dadurch kann es die Einheit in sich setzen und sich würdig machen den göttlichen Geist in sich aufzunehmen.

Hiernach formulirt nun Hegel den Begriff der Gemeinde folgendermassen: (II. 267.) „Sie ist die Idee, die insofern der Process des Subjects in und an ihm selbst ist, welches Subject in den Geist aufgenommen, geistig ist, so, dass der Geist Gottes in ihm wohnt. Dies sein reines Selbstbewusstsein ist zugleich Bewusstsein der Wahrheit, und dieses reine Selbstbewusstsein, das die Wahrheit weiss und will, ist eben der göttliche Geist in ihm."

Die bereits bestehende, sich erhaltende Gemeinde nennen wir die Kirche. Sie hat den Zweck, die Subjecte zur Versöhnung zu bringen, dass sie die Wahrheit sich aneignen, wodurch der heilige Geist in ihnen real und gegenwärtig wird. Der Geist wird jetzt nicht mehr ausgegossen, sondern seine Bedeutung ist eine anerkannte. Die Wahrheit ist insofern vorausgesetzt, und zwar ist dies die christliche Lehre, die Lehre von der Versöhnung. Das Subject wird derselben theilhaftig gemacht durch die Taufe. (II. 270.) Dieselbe zeigt an, dass das Kind in der Gemeinschaft derselben geboren ist, worin Gott versöhnt ist. Da das Kind noch keinen fertigen Geist hat, so wird die Wahrheit als etwas Anerkanntes, Geltendes an dasselbe herangebracht. Daher braucht auch in der Erziehung das Böse nicht erst überwunden zu werden, sondern es handelt sich blos darum, ihm die Wahrheit, in der es ist, zum Bewusstsein zu bringen, das Kind an das Gute und Wahre zu gewöhnen.

Dies ist die Wiedergeburt des Subjects. Dieselbe ist aber nicht mehr die unendliche Wehmuth, der Schmerz der Unangemessenheit, aus welchem die Gemeinde hervorgegangen ist. Zwar ist ihm der Kampf nicht erspart, „das natürliche Herz, worin der Mensch befangen ist, ist der Feind, der zu bekämpfen ist, aber er ist doch gemildert."

Das ist das Geschäft der Kirche, dass die Erziehung immer innerlicher, diese Wahrheit mit seinem Selbst, mit dem Willen des Menschen immer identischer, sein Wollen, sein Geist wird. „Der Kampf ist vorbei und es ist das Bewusstsein, dass es nicht ein Kampf ist, wie in der Kant'schen Philosophie, wo das Böse überwunden sein soll, aber an und für sich dem Guten gegenüber steht, sondern hier ist der Widerspruch schon an sich gelöst." (II. 272.) „Das Böse wird im Geiste als an und für sich überwunden gewusst, und das Subject hat nur seinen Willen gut zu machen, so ist das Böse schon verschwunden." „Das Thun im Glauben an die an sich seiende Versöhnung ist einerseits das Thun des Subjects, andrerseits das Thun des göttlichen Geistes. Der Glaube selbst ist der göttliche Geist, der im Subject wirkt; aber so ist dies nicht ein passives Gefäss, sondern der heilige Geist ist ebenso des Subjectes Geist, indem er den Glauben hat; in diesem Glauben handelt es gegen seine Natürlichkeit, thut sie ab, entfernt sie. (273 f.)

Das Gefühl des bewussten Innenwohnens des Geistes in ihm erlangt der Einzelne im Abendmahl. Hier wird dem Menschen auf sinnliche, äusserliche Weise das Bewusstsein seiner Versöhnung mit Gott, das Einkehren des göttlichen Geistes gegeben.

Aber diese Versöhnung, die das Subject in seinem Innern erlangt hat, muss, um vollkommen zu werden, sich auch auf die Weltlichkeit, d. i. das Natürliche am Menschen, erstrecken, das heisst, es muss seine Freiheit auch der Weltlichkeit gegenüber geltend machen.

Dies kann einmal geschehen durch vollständige Weltflucht, dadurch gelangt aber das Geistige zu einem blos negativen Verhältniss zur Weltlichkeit, und damit zu sich selbst. Das Geistige ist daher ein in sich Concentrirtes, Verschlossenes, das unentwickelt ist und bleibt. Dies ist aber dem Wesen des Geistes entgegen, der sich entwickelt, unterscheidet bis zur Weltlichkeit. (p. 277.)

Oder aber, Religion und Weltlichkeit kommen in blos äusserliche Beziehung, sodass die Kirche über das Geistlose herrscht. Dies ist eine unversöhnte Vereinigung, durch welche die Kirche selbst, weil sie doch die ungeistige Weltlichkeit in sich aufnimmt, selbst zu einer gewissen Weltlichkeit gelangt. (p. 278.)

Die dritte und einzig wahre Vereinigung ist die Auflösung des Widerspruchs in der Sittlichkeit. Hier dringt das Princip der Freiheit ein in die Weltlichkeit. Wir haben hier die Versöhnung, wie sie uns im rechtlichen, sittlichen Staatswesen entgegentritt. Dies ist keine Entsagung von der Weltlichkeit, auch keine knechtische Unterwerfung, sondern die Sittlichkeit ist der Gehorsam in der Freiheit, ist freier, vernünftiger Wille.

So ist in der Sittlichkeit die Versöhnung der Religion mit der Wirklichkeit, Weltlichkeit vollbracht.

Zum Schlusse kommt Hegel noch auf das Verhältniss zwischen **Religion** und **Philosophie** zu sprechen. Da sich der religiöse Process auf dem Boden des Denkens vollzieht, so entsteht, sagt Hegel, die Forderung und das Bedürfniss, dass sich der Inhalt der Religion auch im Denken bewähre. Dies kann aber nicht das Denken der Aufklärung sein, das sich blos negativ gegen die überkommenen Vorstellungsformen wendet, und als abstrakt Allgemeines auftretend, sich gegen alles Concrete, also auch gegen Gott als Concretes wendet, so dass seine Objectivität zu einer blos subjectiven Bestimmung wird, sondern das kann nur das concrete, vernünftige Denken sein, das den Inhalt als nothwendig, als objectiv an und für sich seiend nachweist. Dies ist der Standpunkt der Philosophie. (II. 285.)

„Dies Denken ist im Wesentlichen Begreifen, es ist dies, dass der Begriff sich zu seiner Totalität, zur Idee bestimmt. Der Begriff producirt die Wahrheit, aber er anerkennt diesen Inhalt zugleich als ein Nichtproducirtes, als ein an und für sich seiendes Wahres."

Die Philosophie hat zwei Seiten. Sie hat mit dem reflectirenden Denken gemein, dass sie nicht bei der Form der Vorstellung stehen bleibt, sondern ihren Gegenstand im Gedanken begreift, aber sie verflüchtigt nicht den Inhalt, wie jene, sondern weist ihn als vernünftig nach. So erhält in der Philosophie die Religion ihre Rechtfertigung vom denkenden Bewusstsein aus. Die unbefangene Frömmigkeit bedarf dessen nicht, sie nimmt die Wahrheit als Autorität auf und empfindet die Befriedigung, Versöhnung mittels dieser Wahrheit. Aber das Denken ist der absolute Richter, vor dem der Inhalt sich bewähren soll.

Damit stellt sich die Philosophie nicht über die Religion, denn sie hat ja denselben Inhalt, wie jene, sie stellt sich nur über die Form des Glaubens.

II.
Schleiermacher.

Die Grundlage von Schleiermachers philosophischem System ist der Gegensatz von Idealem und Realem. Er leitet diesen Gegensatz ab von seiner Auffassung des Wissens. Das Wissen ist bei ihm nämlich dasjenige Denken, das einerseits nothwendig von allen Denkensfähigen auf dieselbe Weise producirt werden kann, d. h. es ist ein solches Denken, das nicht in der Mehrheit und Differenz der denkenden Subjecte, sondern in ihrer Identität gegründet ist; (Dial. §§ 87. 93), das aber auch andrerseits einem Sein, dem Gegenstande des Denkens entsprechen muss. Da nun jedes Wissen ein gemeinschaftliches Product der Vernunft und der Organisation des Denkenden ist, so muss das Wissen, als das höchste Denken gleicherweise aus der organischen, wie aus der intellectuellen Function hervorgegangen sein. (§ 92. 98.) Nur in der Identität Beider, der intellectuellen Function als Quell der geordneten Einheit und Vielheit, und der organischen, als Quell der Mannigfaltigkeit ist das Wissen als reales Denken gesetzt. Denn die organische Function allein in Thätigkeit würde kein Denken zur Folge haben, sondern nur den Eindruck der chaotischen Mannigfaltigkeit des Seins ausser uns auf unsere Sinne ergeben. Hinwiederum die intellectuelle Function allein in Thätigkeit würde kein Denken geben, da wir hier nur leere Einheit haben, nicht die concrete Einheit einer Begriffswelt, wie uns dies durch die Annahme eines aller Sinne Beraubten ohne Weiteres klar wird. (§ 108 f.)

Wie aber so diese beiden Gegensätze im Menschen vereint sind, müssen sie auch an sich Eins sein. Denn, sagt Schleiermacher, da in der Vernunftthätigkeit unter der Form der Einheit und Vielheit doch ohne Zweifel dasselbe gesetzt werden kann, was in der organischen Thätigkeit als unbestimmte Mannigfaltigkeit gesetzt ist, und da die erstere gegründet ist im Idealen, die letztere als abhängig von den Einwirkungen der Gegenstände, im Realen, so ist das Sein auf ideale Weise ebenso gesetzt, als auf reale, d. h. mit anderen Worten: Ideales und Reales laufen parallel neben einander fort als modi des Seins (§ 132), und zwar ist das Ideale dasjenige am Sein, was Princip aller Vernunftthätigkeit ist, das Reale das, vermöge dessen es Princip aller organischen Thätigkeit ist. Beide laufen neben einander fort als modi des Seins, nur dass bald das Eine, bald das Andere überwiegt. (§ 132 ff.) So haben wir in dem Realen zusammen mit einem Minimum von Idealem, die Natur vor uns, auf der anderen Seite das Ideale zusammen mit einem Minimum von Realem, den Geist. Bis zu diesem Gegensatz können wir mit der oben aufgestellten Definition vom Denken kommen, aber nicht weiter.

Wie jedoch alle Gegensätze ausgeglichen werden und in eine höhere Einheit aufgehen müssen, so müssen wir auch diesen Gegensatz aufgehend denken, und zwar in dem zu Grunde liegenden absoluten Sein, dem transscendentalen Grunde aller Dinge, in Gott. (§ 219.) In ihm haben wir die absolute Einheit alles Seins, wie in der Welt die Totalität alles Seins. Beide können nicht von einander getrennt werden, denn es lässt sich weder eine Welt ohne Gott, noch ein Gott ohne Welt denken. Ja sie decken sich sogar vollständig, denn wenn Gott ein Stück über die Welt hinausragte, dann wäre ja etwas in Gott nicht weltbedingt, und ebenso umgekehrt. Aber sie sind trotzdem nicht dasselbe, denn während die Welt alle Gegensätze umfasst, darf sich in Gott kein Gegensatz finden. Ich darf ihn daher weder nach aussen, noch nach innen unterschieden denken. Denn wenn ich ihn nach aussen unterschieden denke, setze ich ihm sofort eine Grenze, die ihn ins Gebiet der Endlichkeit rückt, denke ich mir ihn aber nach innen unterschieden, so setze ich ihm in seinem Inneren Gegensätze, die sich aber doch nicht in ihm finden sollen. Wir dürfen ihn daher weder ausserweltlich, noch persönlich denken, noch dürfen wir ihm Bezeichnungen, wie Weltschöpfer, höchste Kraft etc. beilegen.

Es sind dies alles nur negative Bestimmungen, etwas Positives von ihm auszusagen sind wir gar nicht im Stande, da unser

Wissen nicht über den Gegensatz von Idealem und Realem hinauskommt. Wollten wir die Einheit des Seins im Wissen erfassen, so müssten wir entweder alles Sein ausser uns in uns aufnehmen können, oder das Sein ausser uns müsste die ganze Vernunft abspiegeln, was natürlich beides unmöglich ist.

Aber ebensowenig wie das Wissen ist nach Schleiermacher die andere Hauptfunction des Geistes, das Wollen, im Stande, sich den transscendentalen Grund anzueignen. Denn da das Wollen die Thätigkeit ist, mit der der Mensch das Sein in ihm in das Sein ausser ihm hineinträgt, bewegt es sich ebenso, wie das Denken im Gegensatze von Idealem und Realem. Wir sehen also, dass wir die Idee der höchsten Einheit weder im Wissen, noch im Wollen, weder im Gedanken, noch in der That vollziehen können.

Trotzdem aber, sagt Schleiermacher (§ 214), ist sie die nothwendige Voraussetzung für Beide. Wir bedürfen ebensogut eines transscendentalen Grundes für unsere Gewissheit im Wollen, als für die im Wissen, und beide können nicht verschieden sein. Die Folgerung, die er daraus zieht (§ 215), ist: wir haben den transscendentalen Grund nur in der relativen Identität des Denkens und Wollens, nämlich im Gefühl. In ihm ist die in Wissen und Wollen bloss vorausgesetzte absolute Einheit des Idealen und Realen wirklich vollzogen.

Somit ist auch die Religion, in der der Mensch das transscendentale Sein, d. i. Gott zu erfassen sucht, Sache des Gefühls. Aber das Gefühl ist nie rein, denn wir werden in ihm das transscendentale Sein nur inne in Verbindung mit einem Anderen; und so ist denn die Religion das Innewerden Gottes im Gefühl durch Vermittelung eines einzelnen endlichen Seins.

Dies ist die Schleiermachersche Theorie von der Religion als Sache des Gefühls, wie sie in der Dialectik vorliegt. Wir haben geglaubt, dieselbe vorausschicken zu müssen, da einerseits hierdurch der Zusammenhang seines Religionsbegriffes mit seinem philosophischen System am besten hervortritt, und da andererseits dadurch die Stellung Schleiermachers Hegel gegenüber von der speculativen Seite her sogleich am deutlichsten bemerkbar wird. Indessen ist die Ansicht, wie wir sie in der Dialectik finden, weder die erste und ursprünglichste Schleiermachers gewesen, noch ist immer dieselbe geblieben; wie wir nun des Näheren darzuthun haben.

Die früheste Form liegt vor in den in 1. Aufl. 1799 anonym erschienenen „R e d e n   ü b e r   d i e   R e l i g i o n   a n   d i e   G e b i l d e t e n   u n t e r   i h r e n   V e r ä c h t e r n."

Die Deduction ist hier ähnlich, nur dass hier als Correlat des Gefühls nicht der transscendentale Grund (als Einheit der Gegensätze), sondern das Universum (als Totalität der Gegensätze) gesetzt wird.

Der Gang ist hier folgender:

Die Religion hat den gleichen Gegenstand, wie M e t a p h y s i k   und   M o r a l : nämlich das Universum und das Verhältniss des Menschen zu ihm. Aber sie ist mit keiner von beiden identisch. Denn wenn auch die Metaphysik den Menschen lehrt, was das Universum für ihn ist, wenn er auch mit Hülfe derselben von den Gesetzen der Natur und des Geistes zum Ordner hinaufsteigen kann, so braucht doch die Religion dieses Wissen nicht, denn das Mass des Wissens ist nicht zugleich das Mass der Frömmigkeit. (Reden 3. A. S. 59 f.) Denn die Frömmigkeit kann sich herrlich und ursprünglich im Menschen offenbaren, ohne dass derselbe zugleich ein Weiser zu sein braucht. Und wenn auch die Wissenschaft zum höchsten Wesen steigt, so ist sie doch nicht gleich der Religion, denn das Wissen geht auf das Wesen eines Endlichen im Zusammenhang und im Gegensatz zu dem anderen Endlichen, die G o t t e s e r k e n n t n i s s   geht auf das Wesen der höchsten Ursache an sich und in ihrem Verhältniss zu alledem, was zugleich Ursache ist und Wirkung, die religiöse Betrachtung dagegen ist nur das unmittelbare Bewusstsein von dem allgemeinen Sein alles Endlichen im Unendlichen und durch das Unendliche, alles Zeitlichen im Ewigen und durch das Ewige. „Dieses suchen und finden — das ist Religion." (l. l. p. 61.) Also die Religion hat nichts zu thun mit Wissen und Erkennen. Ebenso ist es auch mit der   M o r a l . Denn während die Moral als ganz vom Gefühl der Freiheit abhängig, nur handelnd in das Ganze eingreift, ist die Frömmigkeit ein Sich hingeben, Sich bewegen lassen vom Ganzen. (S. 63.)

Zwar kann es ja für den wahrhaft Frommen kein anderes Handeln geben, als das, was die Moral vorschreibt, aber der Fromme handelt nicht aus der Erkenntniss eines moralischen Systems und seiner Ableitung, sondern aus der Wirksamkeit Gottes in ihm heraus. Die Religion ist überhaupt ihrem Wesen nach gar kein Handeln, denn das Handeln greift thätig ins Universum ein, während die Religion, wie eben gesagt, ein passives Sich bewegen lassen ist. So ergiebt sich, dass die Religion aus der Wissenschaft, wie aus der Praxis gänzlich herausgeht und als unentbehrliches Drittes sich neben Beide stellt, indem sie so die menschliche Natur von dieser Seite vollendet.

Was ist nun aber das eigenthümliche Wesen der Religion? Um dies zu finden, müssen wir mit Schleiermacher hinabsteigen in das innerste Heiligthum des Lebens, um die Religion in ihrem Werden zu belauschen. Sie geht hervor aus der Berührung des Ich mit dem Universum, und zwar in dem Moment, in welchem Sein und Gegenstand noch vollkommen ineinander geflossen und eins sind, ehe noch jedes an seinen Ort zurückgekehrt und der Gegenstand vom Sinn losgerissen zur Anschauung, der Sinn losgerissen vom Gegenstand zum Gefühl geworden ist. „Dieser Moment ist kaum in der Zeit, so schnell eilt er vorüber, und kaum kann er beschrieben werden, so wenig ist er eigentlich für uns da." (p. 73.) Er kann eigentlich gar nicht beschrieben, sondern nur angedeutet werden, denn er löst sich sofort auf, wenn das Bewusstsein wird.

Er schildert nun das Wesen der Religion weiter: „Euer Gefühl, insofern es euer und des Universums gemeinschaftliches Sein und Leben ausdrückt, und insofern ihr die einzelnen Momente desselben habt als ein Wirken Gottes in euch, vermittelt durch das Wirken der Welt auf euch, dies ist eure Frömmigkeit. Dies sind nicht eure Erkenntnisse, euer Handeln und euer Wollen, sondern lediglich eure Empfindungen sind es, und die mit ihnen zusammenhängenden und sie bedingenden Einwirkungen alles Lebendigen und Beweglichen um Euch her. Sie sind ausschliessend die Elemente der Religion, gehören aber auch alle in dieselbe hinein, es giebt keine Empfindung, die nicht fromm wäre, ausser sie deute auf einen krankhaften, verderbten Zustand des Lebens." (p. 77.)

Somit ist also die Religion das Afficirtwerden des Gefühls als der dem Denken und Handeln zu Grunde liegenden Einheit im Menschen, durch einen ausser ihm sich befindenden einzelnen Gegenstand, aber nicht durch den Gegenstand als solchen, sondern in ihm durch das Ganze, also nicht durch Einzelnes, Endliches, sondern in und mit diesem durch Gott selbst, der die höchste Einheit alles Einzelnen und Besonderen ist. (p. 160.)

Wir können hier nicht unterlassen, auf die bedeutende Verschiedenheit in der Ansicht Schleiermachers in den verschiedenen Auflagen der „Reden" einen Blick zu werfen.

Während er nämlich in der 3. Auflage, deren Darstellung wir bisher gefolgt sind, immer das Gefühl als das Wesentliche der Religion bezeichnet, so nimmt er in der 1. Aufl. entweder blos „Anschauen des Universums" oder doch „Anschauen und Gefühl des Universums" für das Wesen der Religion. So sagt er einmal geradezu (1. A. S. 55): „Anschauen des Universums, ich bitte, befreundet euch mit diesem Begriff, er ist die Angel meiner ganzen Rede, er ist die allgemeinste und höchste Form der Religion." (cf. auch 1. A. S. 57, 63, 67 u. a.) Diese Stellen sind jedoch schon in der 2. Auflage in Wegfall gekommen. (Pünjer, textkrit. Ausg. der Red. S. 52 ff.)

Haben wir hier schon ein bedeutendes Schwanken in der Ansicht Schleiermachers zu constatiren gehabt, so finden wir die Grundanschauung geradezu verändert, wenn wir schliesslich die Darstellung, welche in der Glaubenslehre, sowie in den aus der Zeit nach 1818 stammenden Fragmenten zur Dialektik vorliegt, ins Auge fassen. Diese Darstellung ist, wie sie zeitlich die letzte ist, überhaupt als die vollendetste und ausgebildetste anzusehen.

Während oben Schleiermacher jedes Gefühl für religiös erklärte, bezeichnet er hier die Frömmigkeit als eine Bestimmtheit des Gefühls (Gl.-L. § 3), die es von allen anderen Gefühlen unterscheidet (§ 4): Das Gefühl der schlechthinigen Abhängigkeit. (Gl.—L. § 4. 5. cf. Dial. S. 430.)

Neben dem Ausdruck Gefühl braucht er hier absichtlich noch den Ausdruck „unmittelbares Selbstbewusstsein", um zu verhüten, dass Jemand „Gefühl" in so weitem Sinne gebrauche, dass man auch bewusstlose Zustände darunter begreifen könne, und „unmittelbar" fügt er hinzu, um einer Verwechslung dieses Selbstbewusstseins mit einem anderen, das kein Gefühl, sondern ein gegenständliches Bewusstsein, ein Wissen von sich selbst ist, vorzubeugen. Die Ableitung des schlechthinigen Abhängigkeitsgefühles ist nun folgende. In keinem Gefühl, mag dasselbe Wissen oder Thun begleitend, oder mag es selbständig auftreten, sind wir uns unseres Selbst allein bewusst, sondern zugleich auch eines Anderen, das von aussen her auf uns einwirkt und das Gefühl veranlasst, so dass also zum Gefühl noch die von aussen her veranlasste wechselnde Bestimmtheit desselben kommt. Wir können also 2 Momente im Gefühl unterscheiden, 1. ein Sein, 2. ein Sosein, ein „Sich selbst setzen und ein Sich selbst nicht so gesetzt haben, oder ein Sein und ein Irgendwie geworden sein." Das Letztere setzt also etwas ausser uns voraus, woher die Bestimmtheit des Gefühls stammt. Beide Momente sind in jedem Gefühl, denn könnte man sich die Bestimmtheit durch ein Anderes wegdenken, dann hätte man blosse Selbstthätigkeit, die aber, da sie auf keinen Gegenstand bezogen wurde, „nur ein Hervortreten wollen, eine unbestimmte Agilität ohne Gestalt und Farbe wäre." Nehmen wir also diese beiden Momente als das Gefühl constituirend an, dann ergeben sich uns 2 Möglichkeiten: entweder es überwiegt das Moment der Selbstthätigkeit, und das Moment der Empfänglichkeit tritt zurück, oder es findet das Umgekehrte statt. Ueberwiegt das Moment der Empfänglichkeit, dann fühlen wir uns abhängig, überwiegt das Moment der Selbstthätigkeit, dann fühlen wir uns frei. Hieraus folgt nun auch zugleich, dass in jedem Gefühl nur relative Freiheit und relative Abhängigkeit zusammen sind. Schlechthiniges Freiheitsgefühl ist nicht möglich, weil sonst unser ganzes Sein aus unserer eignen Selbstthätigkeit hervorgegangen sein müsste. Hiernach dürfte es freilich auch kein schlechthiniges Abhängigkeitsgefühl geben, da in uns auf jede Einwirkung von aussen eine Gegenwirkung erfolgt, indessen kommen wir sehr leicht zu einem solchen, wenn wir auch unsere ganze Selbstthätigkeit als anderswoher auf uns gekommen betrachten, wenn wir uns also auch in unserer Thätigkeit als abhängig betrachten. (G.-L. S. 18 fl.) Das „Woher" unserer schlechthinigen Abhängigkeit kann nun aber nicht die Welt sein, weder im Sinne der Gesammtheit des zeitlichen Seins, noch auch irgend ein einzelner Theil derselben, denn wir könnten auf diese

Weise immer nur zu einem relativen Abhängigkeitsgefühl kommen. Wir werden daher über die Welt hinausgeführt auf ein überweltliches Sein, von dem wir auch unsere Selbstthätigkeit ableiten. Dies ist das Absolute, Gott. Dabei soll jedoch eine jede Reflexion wegfallen. Gott soll eben nur in unserem Gefühl das Mitbestimmende sein, auf das wir unser Sosein zurückschieben. Jeder anderweitige Inhalt dieser Vorstellung muss erst aus dem angegebenen Grundgehalt entwickelt werden. (S. 23.) Diese Abhängigkeit von Gott ist die Grundbeziehung unseres Gefühls und muss alle anderen Beziehungen in sich schliessen. Dadurch ist das Gottesbewusstsein so in das Selbstbewusstsein eingeschlossen, dass beide nicht von einander getrennt werden können. Insofern kann man auch sagen, Gott sei uns im Gefühl auf ursprüngliche Weise gegeben, und hierin findet Schleiermacher den Begriff der Offenbarung, der eben darin besteht, dass dem Menschen mit der allem endlichen Sein ebenso wie ihm anhaftenden schlechthinigen Abhängigkeit auch das zum Gottesbewusstsein werdende unmittelbare Selbstbewusstsein derselben gegeben ist.

Alles dies zusammengefasst besteht also die Religion darin, dass das Subject durch Vermittelung eines einzelnen endlichen Seins sich seiner Beziehungen zu Gott, als dem alles Sein gegensatzlos in sich fassenden überweltlichen Sein, von dem es sich mit sammt der Welt abhängig setzt, inne wird.

Je mehr nun der Mensch in jedem Moment des sinnlichen Bewusstseins sich mit seiner partiellen Abhängigkeit und seiner partiellen Freiheit zugleich schlechthin abhängig fühlt, desto mehr wird sein religiöses Leben erhöht. Je weniger das schlechthinige Abhängigkeitsgefühl in den einzelnen sinnlichen Gefühlsmomenten hervortritt, desto mehr unterliegt das Subject einer Hemmung des religiösen Lebens. So hängt von dem stärkeren oder schwächeren Vorhandensein des schlechthinigen Abhängigkeitsgefühls in jedem einzelnen Lebensmoment Lust oder Unlust des religiösen Lebens ab, — Seligkeit oder Unseligkeit.

Wenn wir nun von hier aus zurückblicken, so drängt sich uns die Frage auf: wenn das Innewerden des Absoluten ein unmittelbares ist, wenn also die Unmittelbarkeit des Subjects der Sitz der Religion ist, wie kann man dann von einem System reden, und wie kann sich dann ferner eine religiöse Gemeinschaft bilden?

Schleiermacher antwortet darauf: Ein System von religiösen Gefühlen kann man allerdings nicht bilden. Denn dazu gehört, dass man ein Allgemeines annimmt, dem sich das Besondere unterordnet, dass man ableitet und beweist. Dies lässt sich natürlich auf die religiösen Gefühle nicht anwenden, denn dieselben sind alle gleich unmittelbar; man kann also von keiner Vermittelung, Ableitung etc. sprechen. Wohl aber kann man ein dogmatisches System bilden, indem sich die Reflexion auf die religiösen Aussagen des unmittelbaren Selbstbewusstseins richtet, das eigenthümliche Gepräge derselben ausspricht und die aufgestellten Sätze logisch ordnet.

Auch ein Ganzes kann man eine Religion nennen, wenn man das zusammenfasst, was Alle in gleicher Weise religiös bewegt, wenn man also auch hier das eigenthümliche Gepräge der Gefühle, welches an jedem einzelnen Momente vorkommt, ins Auge fasst. In diesem Sinne ist jede kleinere religiöse Gemeinschaft, jede Confession ein abgeschlossenes Ganze, in diesem Sinne ist das Christenthum ein solches Ganze, aber in diesem Sinne ist auch die Frömmigkeit eines jeden Einzelnen ein abgerundetes Ganze, das gegründet ist in dem, was man seine Eigenthümlichkeit nennt, seinen Charakter.

Von diesem Gedanken aus behandelt Schleiermacher die positiven Religionen, die den Gegenstand der 5. Rede bilden.

Dieselben sind nach ihm die besonderen Gestalten, welche die ewige, unendliche Religion unter den beschränkten Wesen annehmen musste. Allerdings sind dieselben durch Missverständnisse, Entstellungen, Zusätze etc. sehr beeinflusst, doch lässt sich in jeder leicht noch das ursprüngliche Feuer echter Religion erkennen.

Die wirklich individuellen Religionen entstehen dadurch, dass irgend eins der grossen Verhältnisse der Menschheit in der Welt, oder zum höchsten Wesen auf eine bestimmte Art, die sich nach den Eigenthümlichkeiten der Bekenner richtet, zum Mittelpunkt der Religion gemacht und alle übrigen auf dieses eine bezogen werden. Dadurch kommt ein bestimmter Geist und ein gemeinschaftlicher Charakter in das Ganze. Mit dieser centralen und beherrschenden Grundidee hängt zusammen das Grundfactum, d. h. das Factum des geschichtlichen Anfangs. Nur beide Momente zusammen können eine Religion entstehen lassen.

Die geschichtlichen Religionen theilt Schleiermacher ein theils nach Entwickelungsstufen, theils nach Art unterschieden.

In der Entwickelung steht am tiefsten der **Fetischismus** oder **Götzendienst**.

Da auf dieser Stufe der Sinn für eine Totalität noch nicht entwickelt ist, schreibt das Individuum seinem Idol nur einen beschränkten Wirkungskreis zu, wodurch ein Abwechseln des alten mit einem neuen Idol, oder das Hinzunehmen mehrerer erklärlich wird. Das Abhängigkeitsgefühl ist hier noch nicht getrennt vom sinnlichen Gefühl, daher das Woher des Abhängigkeitsgefühls noch identisch ist mit dem Woher des sinnlichen Gefühls. Sonach ist die Vorstellung von Gott mit der Vorstellung von einem Endlichen vermischt, Gott selbst ist endlich.

Höher steht der **Polytheismus**. Die localen Beziehungen treten hier schon zurück. Die verschiedenen Götter bilden eine geistig bestimmte gegliederte und zusammenhängende Vielheit. Wir haben hier schon das Gefühl der Abhängigkeit alles Endlichen von einer höchsten Gesammtheit, aber noch nicht von **einem Höchsten**. Dies ist erst der Fall auf der höchsten Stufe, im **Monotheismus**.

Hier erst lässt das Abhängigkeitsgefühl nothwendig die Vorstellung von einer schlechthinigen Ursächlichkeit entstehen, von der das Ich alles Endliche, also auch sich selbst abhängig setzt.

Neben dieser Eintheilung hat Schleiermacher noch eine zweite (Quer-)Theilung in solche Religionen, die in Bezug auf die frommen Erregungen das Sittliche dem Natürlichen unterordnen, **ästhetische Religionen** und in solche, die das Natürliche dem Sittlichen unterordnen, **teleologische Religionen**.

Zu ersteren gehört die griechische Religion und der Islam, zu den letzteren das Judenthum und das Christenthum.

Das **Judenthum**, dessen Grundidee die der Vergeltung war, war eine kindliche Religion, die mehr ein fortlaufendes Gespräch mit Gott bildete, und nur in dem kleinen Kreise möglich war, den sie umschloss. An eben diesem eingeschränkten Gesichtspunkt ist es auch zu Grunde gegangen.

Die Grundidee des **Christenthums** schliesslich findet Schleiermacher im Glauben an die **Erlösung**. Er definirt sie als „die Idee des allgemeinen Entgegenstrebens alles Endlichen gegen die Einheit des Ganzen, und der Art, wie die Gottheit dies Entgegenstreben behandelt, wie sie die Feindschaft gegen sich vermittelt und der grösser werdenden Entfernung Grenzen setzt, durch einzelne Punkte über das Ganze ausgestreut, welche zugleich Endliches und Unendliches, Göttliches und Menschliches sind." Die engverbundenen Grundbeziehungen dieser Empfindungsweise sind: Verderben — Erlösung, Feindschaft — Versöhnung. Durch sie ist die Gestalt alles religiösen Stoffes im Christenthum und seine ganze Form bestimmt.

Die Entfernung der Welt von ihrer Vollkommenheit und geistigen Schönheit, wie wir sie im Zustande der Erlösung vor uns haben, ist die Folge des Willens, des selbstständigen Strebens der individuellen Natur, die sich losreisst aus dem Zusammenhange des Ganzen, oder wie Schleiermacher diesen Zustand in der „Glaubenslehre" definirt (Gl.-L. S. 77): „er ist eine nicht vorhandene Leichtigkeit, das Gottesbewusstsein in den Zusammenhang der wirklichen Lebensmomente einzuführen und darin festzuhalten, d. h. das schlechthinige Abhängigkeitsgefühl dominirt in dem Moment der Empfindung nicht, sondern befindet sich im Zustand der Gebundenheit."

Das Bewusstsein von diesem Zustande zu erregen, ihn selbst aufzudecken, darauf geht das Streben des Christenthums, das bezwecken alle Büssungen und Reinigungen.

Was nun den Erlöser selbst betrifft, in dem die Grundidee des Christenthums zu Tage trat, so bewundert Schleiermacher an ihm weniger die Reinheit seiner Moral, weniger die Eigenthümlichkeit seines Charakters, in dem hohe Kraft mit rührender Sanftmuth vereint ist, als vielmehr die herrliche Klarheit, zu der die grosse Idee bei ihm ausgebildet war, dass alles Endliche höherer Vermittelung bedarf, um zur Einheit mit der Gottheit zu gelangen. Hierzu gehört aber, dass der Vermittler von Endlichem und Unendlichem nicht selbst der Vermittelung bedarf, dass er selbst nicht bloss am Endlichen hängt, sondern dass er Beiden angehört, dass er ebensowohl göttlich als menschlich ist. Ferner ist bemerkenswerth, dass er nie erklärt hat, der einzige Mittler zu sein, dass er nie seine eigenen Anschauungen und Gefühle für den einzigen Umfang seiner Religion ausgegeben hat. Daher sind viele Gegenden im Christenthum noch unbearbeitet, sodass das Christenthum noch eine lange Geschichte haben wird. Zwar könnte ja einmal eine Zeit kommen, wo die Menschheit sich so verändert hat, dass die an sich unendliche Grundidee von der Erlösung aus dem Mittelpunkt der religiösen Anschauung verdrängt wird, dass die Menschheit keiner Vermittelung mehr bedürftig ist, aber Schleiermacher setzt diesen Punkt über alle Zeit hinaus. Gleichwohl möchte er nicht das Christenthum für die einzige Religion halten, denn es liegt im Wesen des Christenthums, dass es, da es in sich selbst Mannigfaltigkeit bis ins Unendliche erzeugen will, auch ausser sich gern die Elemente alle anschauen möchte, die es nicht aus sich selbst herausbilden kann. „Ebenso, wie nichts irreligiöser ist, als Einförmigkeit zu fordern in der Menschheit überhaupt, so ist nichts unchristlicher, als Einförmigkeit zu fordern in der Religion. (3. A. S. 427.)

III.
Vergleichende Kritik.

Nachdem wir nun so die Systeme der beiden Philosophen nach einander dargestellt haben, ist es jetzt unsere Aufgabe, ihre Ansichten zur Vergleichung und Beurtheilung neben einander zu stellen.

Beide haben, wie wir sahen, das Bestreben, der Religion ein ihr eigenthümliches Gebiet zu sichern. Sie soll nicht mehr bloss etwas am Geiste sein, sondern Beide suchen nachzuweisen, dass die Religion ihren Sitz im Geiste hat. Und zwar verlegen sie Beide die Religion in eine besondere geistige Thätigkeit, von der aus sie das ganze Geistesleben des Menschen durchdringen soll. So ist es bei Hegel der Process des reinen Denkens, in den er die Religion verlegt; bei Schleiermacher das Gefühl, als das dem menschlichen Geiste zu Grunde liegende, die Gegensätze desselben in sich ausgleichende unmittelbare Selbstbewusstsein."

Beide kommen zu dem ihnen eigenthümlichen Religionsbebegriff offenbar von ihrem Gottesbegriff aus. Denn wenn bei Hegel Gott das Allgemeine ist, so muss ja auch die Religion, als die Beziehung des Menschen auf Gott in der Funktion des menschlichen Geistes sich finden, die das Allgemeine zum Gegenstand hat, die speciell die Thätigkeit des Allgemeinen ist, und das ist eben bei Hegel das Denken. Und wie bei Hegel Gott nicht das abstrakt Allgemeine ist, sondern das „concrete, erfüllte, reiche", (s. o. S. 5), so ist auch das Denken als religiöse Thätigkeit nicht ein abstraktes, leeres, als welches Hegel das reflectirende Denken bezeichnet, sondern es ist ein concretes, erfülltes, reiches, denn es ist ja eben das Sich selbst wissen des absoluten Geistes. In diesen Process fällt die Gesammtheit des Seins hinein.

Ganz ebenso folgt auch der Schleiermacher'sche Religionsbegriff aus seinem Gottesbegriff. Denn wenn bei ihm das Absolute die transscendentale Einheit aller Gegensätze im Sein, die absolute Indifferenz ist, so muss natürlich die Religion als die Beziehung auf das Absolute die entsprechende Stellung im menschlichen Geiste einnehmen, also in dem Gebiete, das im menschlichen Geiste die Indifferenz der Gegensätze darstellt, und das ist eben das Gefühl. Dasselbe ist ja nach ihm die Einheit des Selbstbewusstseins, die den Beziehungen, die zwischen dem Ich und der Welt existiren, dem Gegensatz von Wissen und Wollen zu Grunde liegt.

Auf Grund dieser verschiedenen Auffassungen vom Wesen der Religion ergeben sich nun folgende weitere Differenzen, deren Klarstellung uns für das Folgende nothwendig erscheint.

Wenn Hegel die Religion als das Selbstbewusstsein des absoluten Geistes im menschlichen Geiste auffasst, so beruht bei ihm die Religion im Wesentlichen auf Vermittelung. Denn wie die absolute Idee selbst die unendliche Vermittelung durch Negation des Anderssein ist, so ist die Religion nur für das Subject, wenn es diesen Process an sich selbst vollzieht, d. h. wenn es seine eigene Unmittelbarkeit aufgiebt, um durch dieses Aufgeben die Vermittelung mit dem Objectiven hervorzubringen.

Schleiermacher dagegen will von einer Vermittelung nichts wissen. Ihm kommt es darauf an, die Unmittelbarkeit der Religion zu wahren. Denn da man weder durch das Denken, noch durch das Wollen den absoluten Grund zu erreichen vermag, so kann die Religion nur das unmittelbare Bewegtwerden des Subjects vom Absoluten sein, wie sie im Gefühl vor sich geht.

Ferner verlangt Hegel, dass Wissenschaft und Sittlichkeit, Wissen und Wollen ganz in die Religion aufgehen, d. h. also, dass durch den intellectuellen Process Wissen und Wollen absorbirt werden sollen, während Schleiermacher geflissentlich die Religion von den übrigen Thätigkeiten des menschlichen Geistes abschliesst und ihr das Gefühl als das ihr allein gehörende, ihr eigenthümliche Gebiet zuweist.

Hegel nämlich bezeichnet die Religion als „diejenige Region, worin alle Räthsel der Welt gelöst, alle Widersprüche des tiefer sinnenden Gedankens enthüllt sind, alle Schmerzen des Gefühls verstummen, die Region der ewigen Wahrheit, der ewigen Ruhe,

Von ihr gehen die vielfachen Gebilde der Wissenschaft, Künste, Interessen seines politischen Lebens, Verhältnisse, die sich auf seine Freiheit, seinen Willen beziehen, aus. Sie ist der Anfang und das Ende von Allem." (R.—Ph. p. 3.)

Schleiermacher dagegen stellt die Religion als das nothwendige Dritte unvermittelt mit Wissenschaft und Moral zusammen, als mit ihnen das menschliche Geistesleben constituirend. Sie durchdringt sie nicht, sie vermischt sich nicht mit ihnen, aber sie soll jeden einzelnen Lebensact „gleich als eine stille heilige Musik" begleiten, weshalb er auch fordert: „nichts aus Religion, alles mit Religion"!

Ferner ist bei Hegel der Process, durch den der Geist mit Negation seiner Endlichkeit, zu seinem wahren Wesen gelangt, ein objectiver, und es kommt daher darauf an, dass das Subject sich diesem Process hingiebt, ihn an sich selbst vollzieht. Dies kann aber nur dadurch geschehen, dass das Subject aller Subjectivität sich entäussert und im Objectiven gänzlich aufgeht.

Demgegenüber betont Schleiermacher gerade die Subjectivität der Religion. Ihm kommt es darauf an, im Individuum Religion zu wecken. Er hat daher keine allgemeine Religion, sondern legt allen Werth auf die specifische Form derselben im Individuum. Während daher nach Hegel die Religion in ihrer höchsten Entwickelung nur eine ist, die absolute Religion, die die religiösen Individuen ihrer Subjectivität entkleidet umschliesst, findet Schleiermacher die Stufe der Vollendung darin, dass jedes Individuum seine eigenthümlich ausgeprägte religiöse Weltanschauung habe, dass die Frömmigkeit eines jeden Individuums ein abgerundetes in sich selbst geschlossenes Ganze repräsentire.

Wir sehen also, beide Männer haben die Absicht, der Religion ihre Selbständigkeit zu sichern, indem sie ihr ein ihr eigenthümlich zugehörendes Gebiet des menschlichen Geistes einräumen, Beide haben diesen Gedanken in eigenthümlicher Weise durchgeführt, und Beide machen den Anspruch, das Wesen der Religion erklärt zu haben.

Aber bei aller verehrungsvollen Anerkennung des Bedeutenden ihrer Leistungen, können wir doch nicht umhin, auch den Bedenken Raum zu geben, welche sich — auch schon in einer vorwiegend immanenten Betrachtung — gegen ihre Lehren erhoben.

Dass Hegel gegenüber dem Supranaturalismus, welcher der Vernunft das Vermögen absprach, die Tiefen der Religion ergründen zu können, sowie gegenüber dem Rationalismus, der nur das als religiösen Inhalt gelten liess, was sich vor dem gesunden Menschenverstande rechtfertigen liess, den Inhalt der Religion zum Gegenstande vernünftigen Denkens machte, dass er vor allem die Religion als nothwendig zum Wesen des menschlichen Geistes gehörig nachwies, und dass er sie von einer grossartigen Weltanschauung aus zu begreifen suchte, das muss entschieden als ein bedeutender Fortschritt anerkannt werden.

Aber gerade durch das Streben, die Religionsphilosophie als ein unentbehrliches Glied seinem Systeme einzureihen, wird Hegel zu weit geführt, indem er nun den religiösen Vorgang ganz in die ihm angewiesene Sphäre des reinen Denkens verlegt. Denn dadurch wird er genöthigt, vom erfahrungsmässigen Ursprunge der Religion abzusehen und dafür die metaphysischen Construktionen, die ihm sein System vorschreibt, einzuschieben. Daher kommt es, dass Hegel, obgleich er sich des wahren Ursprungs des religiösen Vorgangs sehr wohl bewusst ist, ja denselben sogar sehr treffend zeichnet, doch später die aufgestellte Ansicht immer wieder fallen lässt, wie wir gleich des Näheren sehen werden. Wenn nämlich Hegel sich bestrebt, den religiösen Process ganz innerhalb des Gebietes des reinen Denkens sich vollziehen zu lassen, ist er dadurch gezwungen von einer jeden Unmittelbarkeit der Religion abzusehen. Allerdings nennt er ja das Gefühl als unmittelbaren Ort der Religion die Quelle für dieselbe, das Samenkorn, in dem die zukünftige Pflanze schon enthalten ist, ja er behauptet sogar, dass die Wahrheit, um unser Eigenthum zu werden, in das Gefühl, oder was noch mehr sagen will, in das Herz aufgenommen werden muss, aber er hält später diese bleibende nothwendige Bedeutung des Gefühls nicht fest, sondern geht zur höheren Stufe, zur Stufe der Vorstellung, fort, indem er die niedere des Gefühls negirt, während diese doch ihre berechtigte Stellung neben jener behalten sollte. So kommt es denn, dass er im weiteren Verlaufe der Darstellung die Unmittelbarkeit des Gefühls stets als das zu Negirende bezeichnet und immer auf Vermittelung dringt. Dass Hegel aber durchaus nicht das Wesen der Religion verkannt hat, zeigt uns vor Allem der Abschnitt über den Cultus, in dem er das Praktische der Religion behandelt. Gerade hier zeigt uns die Wärme, mit der er die Innerlichkeit der Religion schildert, dass seine Theorie das nicht erreicht hat, was menschlich das Gemüth der Philosophen verlangte.

Schon bei der Entwickelung seines Religionsbegriffes hatten wir gesehen, wie er besonders das 3. zusammenschliessende Moment betont, dass nämlich die Aufhebung des Gegensatzes zwischen dem endlichen Bewusstsein und dem absoluten Geist im Innern des Subjectes erfolgen muss, dass hier die Religion sich als innere Thätigkeit realisiren und von hier die kräftigen Impulse zur äusseren Thätigkeit ausgehen lassen muss. Dieser Gedanke kehrt hier wieder. Auch hier verlangt er, dass das Subject die Einheit mit Gott in seinem Inneren herbeiführen soll, dass es sich selbst die Gewissheit, den Genuss, die Freude geben soll, Gott im Herzen zu haben, mit Gott eins zu sein. O. Pfleiderer sagt über diesen Abschnitt (Rel.-Phil. S. 146): „So gewiss es ist, dass hier der Herzpunkt der christlichen Heilslehre getroffen ist, so gewiss ist es auch, dass dieser tiefe religiöse Gedanke zugleich die richtige Consequenz des eben entwickelten, speculativen Religionsbegriffes ist."

Freilich lässt auch hier wieder Hegel die praktische Bedeutung der Religion bald fallen. Wenn auch dann und wann der Gedanke wieder auftritt, dass in der Praxis die Vermittelung des Subjects mit dem Object eine concrete ist, da hier erst der Gegensatz, in dem Willen aufgenommen ein wirklicher ist, so legt er doch wieder den meisten Werth darauf, dass die religiöse Erhebung auf dem Gebiete des Denkens vor sich gehe, da nur hier das Subject im Stande ist, das Object in seiner Reinheit zu erfassen. Nur hier ist es dem Menschen möglich, alle seine Besonderheit, seine Individualität abzustreifen und ganz aufzugehen im Objectiven. Wie weit entfernt Hegel hiermit ist, das Wesen der Religion zu treffen, zeigt ein Blick auf die Praxis. Denn der religiöse Vorgang ist ja gerade der persönliche Verkehr des einzelnen Menschen mit Gott, das intime Verhältniss, in dem der Mensch sich ganz eins fühlt mit Gott, so dass es ihm seine speciellsten Interessen, seine geheimsten Anliegen vorträgt und mit ihm bespricht.

Den geraden Gegensatz zu dieser Geringschätzung des Gefühlsmomentes in der Religion bei Hegel bildet nun allerdings die

Schleiermachersche Gefühlstheorie. Denn während Hegel die Religion im Denken verflüchtigte, stellt dieser ins Centrum des menschlichen Geistes das unmittelbare Selbstbewusstsein. Aber so nothwendig dies Zurückgehen im Gefühlsleben ist, so hat doch auch der Schleiermachersche Religionsbegriff seine grossen Einseitigkeiten, wie sich sofort zeigen wird.

Beginnen wir mit der Definition der Religion als „Anschauen des Universums", so kann man zunächst wohl nicht ohne Berechtigung die Frage aufwerfen, wie Schleiermacher von einem Anschauen des Universums reden kann. Denn das Universum ist ja bei ihm die Totalität des Seins als Vielheit, und insofern liegt dasselbe ausserhalb unseres Wissens (Dial. § 218), die Idee des Universums ist also in ihrer Weise transscendental, wenn sie auch nicht ebenso transscendental wie die Idee der Gottheit ist. Denn dieser kann man sich nicht nähern, sie liegt nur allem einzelnen Sein auf gleiche Weise zu Grunde, aber ohne Beziehung auf seinen Zusammenhang. Der Idee der Welt dagegen können wir uns nähern, erreichen können wir sie aber nicht, man kann also nicht gut von einem Anschauen des Universums in diesem reden. Was mag aber Schleiermacher sonst darunter verstanden haben? Vielleicht könnte man denken, dass er unter dem „Anstaunen" des Universums die Art und Weise meine, wie das fromme Gemüth sich an der Natur, an den Wundern des Himmels ergötzt, wie es sich erhebt, wenn es die Grossartigkeit und Unendlichkeit der Welt bewundert, aber gerade das weist Schleiermacher aufs Entschiedenste zurück, vielmehr versteht er nach seiner eigenen Erklärung darunter den Einblick in die ewigen Gesetze der Natur, denen das Grösste wie das Kleinste unterworfen ist, denen auch der Mensch gehorchen muss, so dass wir uns ganz mit der Natur eins fühlen, dass wir ganz in sie eingewurzelt sind, und dass wir in allen wechselnden Erscheinungen, ja selbst im Wechsel von Leben und Tod mit Beifall und Ruhe nur die Ausführung jener ewigen Gesetze erblicken. Aber, fragt man da unwillkürlich, kann man denn ein Gesetz fühlen, ehe man es erkannt hat? Wir sehen, es ist dies keine rechte Unmittelbarkeit, sondern, wenn wir den Ausdruck brauchen dürfen, eine reflectirte Unmittelbarkeit, wie sie der Romantik eigenthümlich ist, von der sie Schleiermacher, der ja geradezu der religiöse Romantiker genannt wird, herübergenommen hat. Wir haben hier nicht das eigenthümliche Wesen der Religion vor uns, nicht ihre psychologische Wurzel, sondern eine ästhetische Auffassung des Universums, die wir aber beim blossen Naturmenschen vergeblich suchen, die vielmehr eine sehr entwickelte Culturstufe voraussetzt, und auch dann nicht ohne Weiteres schon religiös ist.

In den späteren Auflagen der Reden bezeichnet er, wie wir sahen, einfach das Gefühl als Ort des religiösen Vorgangs. Wir müssen hier natürlich absehen von der Polemik Hegels gegen die Gefühlstheorie, da sie überaus hart und ungerecht ist und auf gänzlicher Verkennung der wahren Meinung Schleiermachers beruht.

Abgesehen davon, dass Schleiermacher ursprünglich ohne Zweifel das sinnliche Gefühl im Auge gehabt hat, wie er denn einmal geradezu jedes einzelne Gefühl für religiös erklärt, so versteht er doch im Allgemeinen darunter das einheitliche Wesen des Menschen, das seinen Erscheinungsformen zu Grunde liegt. Dagegen liesse sich jedoch einwenden, diese Einheit, welche die Indifferenz der Gegensätze im menschlichen Geiste bildet, ist eine leere Einheit, sie ist nur die Negation der Erscheinungsformen, nur der Indifferenzpunkt, derselbe Fehler, der sich auch in seinem Gottesbegriff findet. Denn auch das Schleiermacher'sche Absolute ist nur die transscendentale Indifferenz der Gegensätze der Welt, nur die Negation derselben. Man sieht daher nicht recht ein, wie das schlechthin bestimmungslose Absolute auf das Gefühl des Menschen einwirken soll. Wenn man auch einwenden mag, dass ja nach Schleiermacher das Absolute nur mit und in einem Einzelnen einwirkt, so sind es doch nur die diesem einzelnen Sein angehörenden Bestimmungen, welche das Gefühl anregen, nicht das dahinterstehende, immer sich gleichbleibende Absolute.

Ein weiterer Mangel seines Religionsbegriffes ist, dass er die Religion auf das Gefühl beschränkt. Denn während doch die Religion das ganze Geistesleben des Menschen durchdringen soll, lässt sie Schleiermacher in ihrer Unmittelbarkeit stehen, ohne die Vermittelung mit dem Wissen herzustellen, ohne sie zur Triebfeder sittlichen Handelns zu machen.

Die Religion gehört nicht dem Wissen an, sagt er, da sonst das Maass des Wissens gleich dem Maass der Frömmigkeit wäre, und an einer anderen Stelle sagt er geradezu: Die religiösen Gefühle lähmen ihrer Natur nach die Thatkraft des Menschen und laden ihn ein zu stillem, hingebendem Genuss. Wir haben hier den gefühlsseligen Mysticismus der Romantik, der nur sich selbst geniesst, nur im eigenen Gefühle schwelgt, aber keine das Leben durchdringende Kraft enthält.

Die vollendetste Gestaltung der Schleiermacherschen Theorie war, wie wir oben sahen, die Theorie vom schlechthinigen Abhängigkeitsgefühl. Und in der That lässt sich nicht leugnen, dass diese am wenigsten Bedenken hervorruft, besonders wenn man dabei ins Auge fasst, dass das Schleiermachersche Abhängigkeitsgefühl ein Freiheitsgefühl nicht ausschliesst, was Hegel in seiner Polemik allerdings gänzlich übersieht, sondern dass Schleiermacher nur fordert, dass auch die Freiheit, die der Mensch im sittlichen Handeln hat, im Gefühl der Abhängigkeit von Gott beruht. Aber es erheben sich andere Bedenken. Es fragt sich nämlich, ob man überhaupt am Gefühl, das doch die einfache Einheit der Erscheinungsformen des menschlichen Lebens bilden soll, einen Gegensatz von Abhängigkeit und Freiheit annehmen kann? Ferner, kann man denn die Abhängigkeit fühlen? Man kann dieselbe zwar erkennen, aber nicht fühlen, so dass man also wohl von einem Bewusstsein der schlechthinigen Abhängigkeit reden könnte, nicht aber ohne Weiteres auch von einem Gefühle derselben. Das Verhältniss der schlechthinigen Abhängigkeit, in der der Mensch wirklich Gott gegenüber sich befindet, wird mit dem Gefühle derselben verwechselt.

Diese Theorie passt ferner nicht zum speciell christlichen Religionsbegriff. Denn im schlechthinigen Abhängigkeitsgefühl soll sich der Mensch einestheils abhängig von der Welt, anderntheils mit der Welt abhängig von Gott fühlen. Er steht so der Welt vollkommen gleich, ist nur ein Theil von ihr. Aber das Christenthum mit seinem wesentlich ethischen Charakter will ja den Menschen gerade von seiner Abhängigkeit von der Welt erlösen, es will ihn über die Welt erheben und ihn zur Freiheit mit Gott und zu seiner Wesensbestimmung in der Gemeinschaft mit Gott gelangen lassen.

Der Hauptfehler aber, welcher der ganzen Schleiermacherschen Theorie zu Grunde liegt, ist die Forderung der Individualität im falschen Sinne.

Allerdings hat ja die Religion eine individuelle Seite. Denn dem religiösen Actus liegt nicht die allgemeine Vernunftthätigkeit zu Grunde, wie dies Hegel zu weitgehend verlangte, sondern in ihm erhebt sich das Subject in seiner empirischen Totalität zu Gott. Insofern gehört ja freilich die Religion ihrem Ursprunge nach dem Individuum an, aber der Fehler Schleiermacher's beruht darin, dass er das Individuum gänzlich vom Allgemeinen abschliesst. Während nämlich das Allgemeine die Individuen bis in die kleinsten Theile durchdringen und sie zusammenschliessen soll zu inniger Gemeinschaft, so dass die Individuen selbst unter einander in lebendigster Verbindung stehen, ist bei Schleiermacher das Individuum für das Allgemeine unzugänglich und bleibt in Folge dessen in seiner Isolirtheit stehen. Demgegenüber ist es um so mehr anzuerkennen, dass Hegel vor Allem die Objectivität der Religion hervorhob, indem er zeigte, dass das Subject nur insofern Werth habe, als es am Objectiven Antheil nimmt. Und in der That zeigt sich dies recht deutlich, wenn wir den Schleiermacher'schen Religionsbegriff auf das Praktische anwenden. Denn bei ihm ist eine religiöse Gemeinschaft, wie sie Hegel verlangt und als deren Ideal er die absolute Religion hinstellt, principiell kaum möglich. Hier haben wir keinen Organismus, in welchem das belebende Princip eindringt in die einzelnen Theile und sie bewegt, sondern im Wesentlichen ein Conglomerat von Individuen.

Betrachten wir nun fernerhin, wie sich die beiden Philosophen zum Geschichtlichen in der Religion stellen, so muss ein Vergleich beider allerdings zu Hegels Gunsten ausfallen, der bekanntlich zuerst das Geschichtliche in der Religion recht gewürdigt hat, während bei Schleiermacher dieser Gesichtspunkt noch ganz zurücktritt. Wir werden aber auch sehen, wie uns besonders bei Hegel in seiner Behandlung der positiven Religionen die schon oben in seinem Religionsbegriff aufgefundenen Schwächen hier wieder entgegen treten.

Wie wir oben sahen, fasst Hegel die positiven Religionen auf als die Erscheinungen der einzelnen Momente des reinen Begriffs in der Empirie. Den letzteren selbst findet er im Christenthum verwirklicht.

Nach dieser Auffassung erscheint bei ihm jede einzelne Religion als ein nothwendiges, innerhalb seiner Grenzen vollberechtigtes Glied der Entwickelung, nicht hervorgerufen durch äussere Anlässe, nicht zufällig entstanden durch ein besonders reichbegabtes Wesen, sondern hervorgegangen aus dem eigensten Charakter der betreffenden Zeit.

Es steht fest, dass erst von diesem Standpunkte aus die rechte objective Beurtheilung der positiven Religionen möglich wird.

Dass man nun trotzdem an den Entwickelungsstufen bei Hegel mancherlei Abweichungen von den historischen Thatsachen zu constatiren hat, liegt an dem Umstande, dass Hegel dieselben metaphysisch construirt, um in ihnen den nach und nach sich realisirenden Begriff wiederzufinden. So sehr er sich nun auch bemüht, die empirischen Thatsachen zu verwerthen, so bleibt doch nur zu oft ein Zwiespalt mit der Wirklichkeit. Ferner, da er die positiven Religionen aus dem Begriff heraus entwickelt, verwechselt er immer die Entwickelung der wirklichen Religionen mit der Entwickelung des Hegel'schen Begriffes, so dass z. B. die grossen Conflicte bei ihm viel zu sehr als Denkconflicte, denn als Seinsconflicte erscheinen. Hierher gehört dass er das Judenthum unter die Religion Griechenlands und Roms stellt, und dann, dass er, trotzdem doch das Christenthum aus dem Judenthum hervorgegangen ist, bei dem Uebergange zum Christenthum den Zusammenhang beider mit keinem Worte erwähnt. Ferner, so ausführlich er die vorchristlichen Religionen nach seinem Princip entwickelt, so ist er doch bei seiner Auffassung des Christenthums, als der absoluten Religion, genöthigt, innerhalb desselben von einer Entwickelung abzusehen. Allerdings soll er Anfangs die Absicht gehabt haben, auch das Christenthum nach seinen Hauptformen und Phasen darzustellen (Haym, Heg. u. s. Zeit. S. 419), aber er hat diese Absicht später wieder fallen lassen und an die Stelle der phänomenologischen Methode, die im 2. Theile herrscht, die metaphysische gesetzt, wie er auch musste, wenn er im Christenthum den realisirten Begriff finden wollte.

Was nun die Darstellung des Christenthums selbst betrifft, so hat man ihm oft den Vorwurf gemacht, dass er willkürlich mit den Thatsachen desselben umgehe, und wir sind auch weit entfernt Abweichungen und Entstellungen derselben leugnen zu wollen, aber dieselben waren kaum zu umgehen, wenn er die gesammten Thatsachen und Gedanken des Christenthums zusammenfassen und von einem einzigen Grundgedanken aus ableiten wollte. Dies Letztere ist entschieden das Bestreben Hegels gewesen, und dies ist zugleich für die heutige Theologie von der grössten Wichtigkeit; er hat die Dogmatik zu einem einheitlichen, auf innerer Nothwendigkeit beruhenden System gemacht. Ferner ist es von grosser Bedeutung, dass er der Lehre von der Gottmenschheit und vom Tode Jesu eine neue tiefere Bedeutung abzugewinnen suchte, dass er sie geradezu in den Mittelpunkt der christlichen Heilslehre stellte, indem er in ihr den Grund- und Kerngedanken des Christenthums fand, den Gedanken der ansich seienden Einheit des göttlichen und menschlichen Geistes, deren Bewusstsein aber dem Menschen nur aufgehen kann durch den Tod des Natürlichen und Endlichen an ihm.

Die Schleiermacher'sche Auffassung der positiven Religionen steht bei Weitem hinter der Hegel'schen zurück. Er weiss nichts von einer nothwendigen geschichtlichen Entwickelung, nach ihm ist das Entstehen derselben zufällig, da eine religiöse Gemeinschaft dadurch ins Leben gerufen wird, dass irgend eine religiöse Grundanschauung in einem besonders dazu befähigten Individuum zum Vorschein kommt, um das sich dann die religiöse Gemeinde gruppirt.

Dem widerspricht die Erfahrung. Denn während es kaum von kleineren religiösen Gemeinschaften gilt, so lässt es sich am allerwenigsten anwenden auf die grossen historischen Religionen. Dieselben sind in einigem Zusammenhang mit Cultur und Sitte des betreffenden Volkes, aus dem eigenthümlichen Wesen, aus dem Charakter ihrer Zeit überhaupt hervorgegangen, wie denn, um nur das anzuführen, das Christenthum einer grossen welthistorischen Krise seine Entstehung verdankt.

Allerdings nimmt Schleiermacher entgegen seiner Ansicht von der zufälligen Entstehung der Religionen, wie sie in den Reden vorliegt, in seinen späteren Schriften doch eine Entwickelung an, aus der das Christenthum als die höchste, als die absolute Religion hervorgeht. Wenn er aber eine Entwickelung annimmt, muss er auch einen allgemeinen Geist annehmen, der sich entwickelt. Dadurch kommt er aber in Widerspruch mit sei-

ner eignen Grundtheorie, der Lehre von der Individualität der
Religion. — Wir sehen also, wenn wir den Blick zurückwenden auf das
Gesagte, wie beide, jeder in seiner Art grossartigen Versuche doch
nicht im Stande gewesen sind, das Problem, das sie sich gestellt,
endgültig zu lösen. So muss sich uns die Annahme aufdrängen,
dass wohl beide Männer ihr System auf ungenügenden Grundlagen aufgebaut haben.

Wiederholen wir daher ganz kurz, wie Beide verfuhren. Sie
nahmen Beide eine geistige Grundkraft an, Hegel das Denken,
Schleiermacher das Gefühl, und dieser schreiben sie die Religion
zu. Von hier aus ihren Ursprung nehmend soll sie sich dann
fortsetzen durch die übrigen Geisteskräfte, das ganze geistige Leben durchdringend, alle seine Akte begleitend. Wir sahen auch, wie
sich Beide — jeder in seiner Art — bemühten, nachzuweisen,
wie die Religion von der einen Grundkraft aus auch die anderen
Kräfte durchdringen solle, und wie ihnen dieser Nachweis doch
nicht gelang. Wir sehen uns daher zu dem Schluss gedrängt:
es ist gar nicht möglich, das ganze menschliche Geistesleben auf
eine einzige Grundfunction zu reduciren. Allerdings kann es ja
bei so eigenthümlich beanlagten Persönlichkeiten, wie Hegel und
Schleiermacher, der Fall sein, dass die eine Geisteskraft das Uebergewicht über die anderen bekommt und besonders hervortritt.
Denn für den das vernunftmässige Denken so sehr betonenden
Hegel bildet sich jeder Gefühlsact, jede Vorstellung von selbst
ohne Weiteres in Verstandesbegriffe um, dagegen der nach der
Seite des Gemüths hin so reich beanlagte Schleiermacher hat den
Drang, jede von aussen gegebene Anregung, jeden innerlichen
Vorgang auf das Gefühl zurückzuführen. Aber das Normal-Menschliche ist dies keinesfalls. Denn Gefühl, Denken, Wollen
sind ja nicht das menschliche Geistesleben selbst, sie constituiren
den Geist nicht, sondern sind nur die Erscheinungsformen, in
denen sich das geistige Leben vollzieht. Der menschliche Geist
ist eine einzige grosse Welt, aus dieser heraus musste die Religion
erklärt werden. Aber gerade diese Gesammtheit des menschlichen
Geisteslebens ist weder von Hegel noch von Schleiermacher zum
Bewusstsein gebracht worden, woher es auch kommt, dass der
durch das ganze menschliche Leben sich hindurchziehende tiefe

Widerspruch von Keinem berücksichtigt, noch viel weniger seine Lösung, die in erster Linie der Religion zukommen sollte, versucht worden ist. Diese wenigen Bemerkungen mögen genügen, um den Weg anzudeuten, den die Religionsphilosophie auf der Grundlage von Hegel und Schleiermacher einzuschlagen genöthigt ist. Ein Blick auf den Stand der heutigen Religionsphilosophie zeigt uns auch, dass sie diesen Weg eingeschlagen hat. Die Repräsentanten derselben, vor Allen Biedermann, Lipsius, Pfleiderer sind ausgegangen von der durch den Gegensatz von Hegel und Schleiermacher gegebenen Basis und versuchen von hier aus die Lösung des religiösen Problems, indem sie dabei bald diesem bald jenem Philosophen näher stehen. —